知的生きかた文庫

「品がいい」と言われる人

鹿島しのぶ

JN131965

三笠書房

はじめに

「あの人、なんか品がいいよね――」
「あの人、なんか品が悪いよね……」

この違いは、どこから来るのでしょうか?

間違いなく言えることは、「品がいい」と思われる人は、周囲の人から好かれたり、信頼されたり、尊敬されたりしますし、「品が悪い」と思われる人は、たとえビジネスで成功しても、お金や権力を手に入れても、周囲の人から好かれませんし、信頼や尊敬も得られないでしょう。

イギリスの首相を務めたマーガレット・サッチャーは、「人の一生は、最終的にその人の品格に左右され、品格は自分をどう形成するかにかかっている」という言葉を残しています。

それほど「品格」というものは大事だ、ということですが、では、どうすれば、その品格――あるいは品位、品性、気品……といったものを磨くことができるのでしょうか?

私は、そんなに難しいことでも、特別なことでもないと考えています。**日々の中のちょっとした言葉遣いや立ち居振る舞い、態度、所作に気をつけること、気を配ること――。その意識、実践の積み重ねが、「品がいい人」をつくる**と思っています。

たとえば、「お先にどうぞ」とひと言添えて、先を譲る習慣を身につける――。

電車でもエレベーターでも、人を押しのけて我先に乗り降りしようとする人がいますよね。こういう人は品のない人。そんな場面で一歩引いて、「お先にどうぞ」と、サッと先を譲れる人には余裕や落ち着きが感じられますし、品のよさが感じられます。電車やエレベーターだけではありません。コンビニのレジでも「お先にどうぞ」。車の運転中でも「お先にどうぞ」――です。

本書では、そんな「品がいい人」になるためのちょっとしたポイントを挙げていきます。私がプロの司会者として、また接客や接遇の講師として活動する中で経験した、さまざまなエピソードとともにご紹介します。あなたが、自分の「品」をもっと磨き、さらに魅力的な人になるためのヒントになることを願って。

鹿島しのぶ

目次

第1章 品がいい人のこんな「言葉遣い」、こんな「態度」

第2章 品がいい人のこんな「所作」、こんな「外見」

第3章

品がいい人のこんな「習慣」、こんな「性格」

第4章 品がいい人のこんな「心構え」、こんな「生き方」

編集協力／㈲ザ・ライトスタッフオフィス
本文DTP／株式会社 Sun Fuerza

第1章

品がいい人の
こんな「言葉遣い」、
こんな「態度」

まず、知っておくべきこと

「人は恥を知るほど、品のある人になれる」

「自分の恥を知れば知るほど、品位のある人になれる」

これは、19~20世紀に活躍したイギリスの劇作家ジョージ・バーナード・ショー（1925年にノーベル文学賞を受賞）の言葉です。原文は「The more things a man is ashamed of, the more respectable he is.」（出典：『Man and Superman』1903年）ですから、正確には「男は恥ずかしさを知れば知るほど尊敬される」となりますが、深い言葉だと思います。

バーナード・ショーが言うとおり、自分が一番偉い、一番頭がいい、一番お金がある、などと思っている人は謙虚になれませんし、人の言うことに聞く耳も持てなくなって、端から見ると、とても下品に見えるものです。

「自分には何か足りないんじゃないか」「自分のここが劣っている」という意識を持

っているからこそ、努力もできるし、自分以外の人のことも敬えるし、気遣えるということでしょう。そして、そういう姿勢を持っている人こそ、品格のある人ではないでしょうか。

しかし最近、日本人の中で〝恥〟の意識が薄らいでいるような気がします。電車の中で食べ物を口にしたり、お化粧をしたりする若い女性をよく目にするようになってきました。なかには床にベタッと座り込んでいる人さえいて、そういう人の中では、〝恥じらい〟などという言葉はもはや意味がないものになっているのかもしれません。

なぜこんなことになっているのか、考えてみました。

理由のひとつは、他人に対する関心が極めて低くなっていることが挙げられるでしょう。自分が心地よければ、他人にどう思われようと関係ないという価値観です。

そもそも人間は社会的な存在だと言われていますが、物質的な豊かさが充実していくにつれ、社会的な結びつきはそれほど重要ではなくなりました。

かつてはみんなで協力し合わなければ生きていけなかったけれども、今はお金さえあれば、社会とそれほど関係することなく生きていけます。

また、個人が尊重されるあまり、社会性が極めて低くなってきたとも言われています。その結果、社会から〝恥〟の概念というものが排除され、自分さえ満足できればいいという風潮が広がってしまったように思います。

「人に迷惑をかけてはいけません」という言葉をよく聞く一方で、「人に迷惑をかけなければ、何をやってもいいんでしょ」という考えの人が増えています。

それはつまり、

「人に迷惑をかけなければ、人からどう思われてもいい」

「自分さえ満足できればいい」

という考え方に結びつきます。

しかし、そういう考えでいるうちは、人から「あの人は品がいい」と思われることはありません。「わがままに育てられた自分勝手な人」と敬遠され、次第に孤立していくでしょう。気がついたときには、誰からも信頼されないし、協力もしてもらえないという結果になってしまうのです。

どんな社会になろうと、人間はひとりでは生きていけません。物は豊かにあり、さまざまな社会システムの整った時代ですから、生命活動を続けていくことは可能です。しかし、他者との関係の中で〝人間らしく〟生きていくのは難しいでしょう。他者との精神的な結びつきの中で生きることを自然な営みとしている人間は、最終的にはコミュニティの中でしか生きられないからです。

そして、**コミュニティの中で生きていくのに必要なことは、人から信頼されることであり、認められることです。そのためには「品格」が必要です。**

では、「品格」とはいったいなんでしょうか？

『デジタル大辞泉』（小学館）によると、品格とは、「その人やその物に感じられる気高さや上品さ。品位」とあります。しかし私は、**気品や上品さは、〝人と共感する心〟や〝人を思いやる心〟の上に成り立っている**と思います。

およそ人と共感する心や人を思いやる心を持たない人を、「あの人は品がある」と認める人などいないからです。

だからこそ、「自分の恥を知れば知るほど、品位のある人になれる」というバーナード・ショーの警句が、多くの人の心にグサリと突き刺さるのではないでしょうか。

たった「ひと言」の違い

「お先に、どうぞ」がサッと出てきますか？

どんなシーンでもそうですが、人のためにいち早く動ける人は、周りから高く評価されるものです。そうした行動が取れるのは、相手の立場に立って考えられるからであり、他者に対する〝共感力〟や〝思いやり〟が深いことの証だからです。

何もたいそうなことをする必要はありません。

たとえば、お客さまがいらしたときに、いち早く立ち上がって案内するとか、お客さまを送り出すときにサッとドアを開けるとか、そんな些細なことで十分です。その積み重ねが、「あの人は心あたたかい、信頼するに足る人だ」というイメージをつくり上げ、「品のいい人だ」という評価につながっていくのです。

言葉のタイミングも「いち早く」を心がけましょう。「どうぞ」「お先に」など、相手を気遣うひと言をサッと言える人は、一目置かれます。

たとえばエレベーターを利用するとき、欧米には「Excuse me」と言って乗り、降りるときには「After you」と先に降りるよう他の人を促す文化があります。

一方、日本人は、乗るときも降りるときも、たいてい無言です。ちょっと寂しい気がします。たったひと言交わすだけで、その場の雰囲気は変わるものです。

コンビニで買い物をしたとき、店員さんに「ありがとう」と言っていますか？
人にぶつかったとき、「ごめんなさい」と言っていますか？

少なからぬ日本人は黙って商品を差し出し、黙って支払い、黙っておつりを受け取りますし、人とぶつかっても何事もなかったように立ち去ってしまいます。たったひと言交わすだけで、その日一日をすがすがしい気持ちで過ごせるはずなのに、そんなひと言を口にできない人が多いのです。

だからこそ、紳士然、淑女然とした方が「お先にどうぞ」と声をかけてくださると、「あらまあ、なんて素敵！」と心に残ります。言われたほうは「恐れ入ります」とか「ありがとうございます」という言葉が自然に出てきます。

勇気を出してひと言を発してみませんか？

それは人と心が通う瞬間であり、あたたかい気持ちになるはずです。

嫌われる話し方

上から目線、説教調……こんな態度はNG

年を取ると人は頑固になる、とよく言われます。

特に男性のほうがその傾向が強いとされていますが、その理由は、「年を取ると独善的になり、そのため周囲から孤立するという悪循環に陥り、社会とのつながりが減る中でなんとか威信を保とうとするから」などと説明されます。

おそらく、みんな昔から頑固だったわけではないでしょう。ほとんどの人がかつては謙虚だったはずです。しかし、自分のやり方（会社のやり方）で、長い年月を過ごしてくるうちに、それに慣らされ、他人の意見を聞き入れなくなっていきます。

たとえ自分が間違っていても、プライドが許さず、認められないのです。

年を取るとある程度頑固になるのは、たぶんしかたのないことなのでしょう。

一方、女性に対しては、年齢と頑固さが比例するような印象は持たれていません。

たしかに、男性と女性を比較すると、年を取ってからの生き方は女性のほうが圧倒的に柔軟性があり、ある種の力強ささえも感じさせるところがあります。

それはおそらく、前述したように、男性たちのほとんどが仕事第一で、会社組織のヒエラルキーにがんじがらめになって生きてきたのに対し、現在高齢となっている女性たちの多くは、家庭を守り、子育てをする中で、地域社会とコミットして生きてきており、経験が豊かだからでしょう。自分の居場所をしっかりと確立していますし、フラストレーションを発散するのも上手です。

それはさておき、頑固だとひとくくりにされている年配の方たちが言っていることも、よくよく聞いてみると実は一理あることも多いのです。しかし、その意見に耳を貸す人はあまりいません。なぜなら、頑固な人は得てして説明不足だからです。

年を取るにしたがって短気になるせいか、話が結論ありきで、ろくに説明しないので、なかなか理解を得られません。だからますます意固地になって、頑固度が増していきます。

それに加えて、**もの言いが〝上から目線〟だったり、〝説教調〟になってしまうの**

も問題です。〝上から目線〟や〝説教調〟で話をされると、たいていの人は反発してしまいます。たとえ正論を語っていても、悲しいことに、周囲にはなかなか受け入れられないのです。

そのため、「自分が言っていることは間違っていないのに、なぜわからないんだ！」とイライラは募るばかりで、最後は黙り込んでしまうのです。

しかし考えてみると、こうした〝上から目線〟や〝説教調〟で嫌われるのは、なにも年配者の専売特許ではありません。

あなたの会社の中間管理職の方の中にも、〝上から目線〟や〝説教調〟を乱発し、〝押しの強さ〟で、自分のポジションを守ろうとする困った人がいるのでは？

もちろん、彼らは同年輩のみならず、部下にも圧倒的に嫌われているでしょう。しかし本人はそんなことは一切気にしませんし、周りも「あの人の言うことだからしかたがない」と諦めていたりします。

それもある種の指導力なのかもしれませんが、少なくとも尊敬されることはなく、会社（役職）を離れたら誰もついていかないでしょう。

上から目線の人は、居酒屋やレストランでおしぼりを出されても、「ありがとう」のひと言も口にしません。そもそも、おしぼりが出てきたことすら気づきません。自分自身に人を思いやる気持ちが欠けていますから、せっかく人が自分を思いやってくれても、それに気がつかないのです。

言葉を換えれば、心の余裕がないということです。

自分の心に余裕がなければ、およそ人を思いやることなどできません。

相手の気持ちを慮《おもんぱか》り、相手を思いやる言葉をかけられる人は、自分ファーストの傾向が強い今の時代、さほど多くはありません。だからこそ、相手の目線に立ち、相手のことを思って思いやりあふれる言葉をかけられる人ほど、慕われ、一目置かれるのです。

そして「品がいい」と言われるのは、まさにこういう人ではないかと私は思うのです。

飾らないからカッコいい、品がいい

「自分」をひけらかさない

最近、自分がお金持ちであることを平然と自慢する人が増えているようです。

たとえば、IT関連の事業で大成功した人が、超高級マンションに住んでいること、自家用ジェット機や高級スポーツカーを持っていること、あるいは華麗な人脈があることを、SNSやブログを通して発信することも珍しくありません。

こうした情報を発信する人たちの多くは、そうすることで、会社や自分自身の知名度を上げようという思惑が背景にあるのでしょう。

彼らの狙いどおりに「カッコいいな」と思う人もいれば、むしろ「下品だな」と反感を抱いたり、「なんだかんだ言っても、やっぱり自分の成功を自慢したいだけじゃないの」と勘繰ってしまう人も少なくないようです。

情報の受け手が抱くその心理は何かと考えたときに、やはり人をうらやましいと思う気持ち、やっかみなどがあるのではないでしょうか。

人の生き方はそれぞれです。成功したことを、堂々と公表する人がいてもいいと思います。私は、そういう生き方に品格がないとは思いません。成功したこと、お金持ちであることを隠す必要はないのですから。

では、なぜマイナスの感情を抱いてしまう人がいるのか。それは、日本人の美徳とされているものから、かけ離れているからではないでしょうか。

自慢しない。ひけらかさない。慎ましやかに生活する。

美徳とは、そういう生き方です。

たしかに多くのお金持ちは、実に堅実で無駄遣いなど決してしません。また、なにかにつけ、人並み以上に努力しています。着るものにしてもブランドにこだわらず、有名店でしか食事をしないなんていう人は少なく、むしろ、地味な生活をしている人がほとんどです。

さらに言うなら、お金の力で人を動かそうとしませんし、相手の立場を理解しようという姿勢を示す人が多いのも特徴です。そういう姿が、周りの人に品格を感じさせるのかもしれません。

私が「品がない」と思うのは、**家や車、時計、バッグなど、外見だけにお金をかけて、自分を飾ることでしか、自分の価値を高められない人**です。見た目を飾ることに躍起になる人です。

人はどんな暮らしをしてもいいと思います。その人が確固たる信念や志を持っているのであれば、成功者が華やかな生活をすることにも意味はあるでしょう。

ただ、楽な方法でお金儲けをすることだけに走り、自分を見失い、お金に執着する人に、品格は感じられないように思います。

時代は変わっていきます。

昭和の時代の成功者に品格を感じるのであれば、現代に出現している新しいタイプの成功者に対しても目を向けてみましょう。その人のことをよく知らないにもかかわらず批難するのではなく、認めて柔軟に受け入れることもまた、やはり品性なのではないでしょうか。

ところで、今、自分をよりよく見せようという風潮が、社会全体にどんどん広がっているような気がします。それを加速させたのは、写真を共有できるSNS「インスタグラム」かもしれません。

「素敵なレストランで食事した」と発信したいがために、注文した料理が出てきたとたんにパシャパシャ写真を撮っている人もよく見かけますし、インスタ映えするスポットを巡るツアーも大人気です。

自分の素敵な思い出を、みんなと共有したいのでしょう。私たちのコミュニケーションの在り方が、劇的に変化している証拠なのかもしれません。

一方で、「リア充」という言葉も耳にします。

ブログやSNSなどを通した関係ではなく、実社会における人間関係や趣味活動を楽しんでいることを意味する言葉です。やりがいのある職業に就き、独身者の場合は恋人に恵まれ、結婚している場合は温かい家庭を築き、ランチや週末を一緒に楽しめる友人が多い……といったタイプの人が「リア充」だとされています。

インスタグラムの流行に、「リア充」という言葉の登場。

これらが象徴するのは、現代社会を生きる私たちは、「自分のことを認めてほしい」という「承認欲求」が極めて高くなっているという事実ではないか――。そんな声が近年聞こえています。

タレントのマツコデラックスさんがある番組で、

「私たちはこうやってメディアに出ているし、それだけでもう満たされている。でも、一般の人はそんな手段がないから、SNSを利用して、自分の存在をアピールしようとしている」

といった趣旨のことを話しているのを聞いて、私は妙に納得してしまいました。

そうしたくなる気持ちは理解できます。

認められたいという気持ちを持つのは、当たり前のことです。

ただ、気づいてほしいこともあります。もし、認められたいがために、自分自身を現実以上に魅力的に見せようとしたり、成功談をやたらとアピールしたりするのであれば、それはむなしくありませんか？

所詮、自分は自分です。人と比較するからおかしなことになるのです。よりよい自分を装うことほど、しんどいことはありません。

見栄やプライドを捨て、自分らしく生きること。

自分に自信を持つこと。

それが品格ある生き方だと私は思います。

イライラしない、クヨクヨしない
「ポジティブ・ワード」が品のいい人をつくる

人と話をしているときに、感情が顔に出てしまう人がいます。たとえば、何か仕事を頼まれたとき、口では「わかりました」と言いながら、ついつい眉間にしわを寄せてしまう人です。

ひと目見れば、「本当は引き受けたくない」という気持ちがありありと伝わってきます。正直と言えば正直ですし、非常にわかりやすい人だと言えますが、職場でも仲間内でも、そんな態度を繰り返しているとロクなことにはなりません。

部下の顔色をうかがいながら仕事を頼む上司などいませんが、どちらかと言えば快く引き受けてくれる部下のほうがかわいいでしょう。同僚も、言葉と態度が裏腹な人とは、すすんで一緒に仕事をしたいとは思わないはずです。

また、**気持ちがつい顔に出てしまうのは、要するに自分の感情を自分でコントロー**

ルできていないからでしょう。成熟しきっていない心が透けて見えるから、なかなか信用してもらえないし、信頼を得るのも難しくなるのです。

実は私自身、どちらかというと気が短いほうです。すぐに熱くなってしまうタイプです。

でも、そんな自分の性格をよくわかっていますから、何かあったときには「1、2」と〝息を吸って吐く〟ようにしています。そうすれば、イラッとした気持ちもおさまります。

わずか2、3秒のことですが、その一瞬さえやり過ごせば、なんとか自分の感情をコントロールするきっかけをつかめるものです。

どんな場合でもそうですが、イライラしたあげく、感情をむき出しにした言葉を口にしても、事態は決していい方向には向かいません。ますます泥沼化するのが関の山です。

たとえば、私たちブライダルの司会者は、ときとしてマリッジブルーに陥ったご新婦に対応しなければならないことがあります。

結婚式や披露宴の準備は、とてもたいへんです。さらには準備を進めるうちに、結婚されるふたりの価値観の違いが明らかになったり、親御さまが介入してきてトラブルになったりすることもあります。

追い詰められて、「どうして自分だけ、こんなにいろいろやらなきゃいけないの！」と、司会者やウェディングプランナーなどのスタッフに、イライラをぶつけるご新婦も出てきます。なかにはひどい言葉を口にする人もいます。

そんなとき私たちスタッフが、眉をひそめたり、イライラした表情を見せたりすれば、ご新婦の心はさらに乱れるばかりでしょう。ですから私たちは、ただただご新婦の立場に立って考えるのです。

すると、「それはたいへんだよね」とか「八つ当たりしたくなるのもしかたないよね」と思えますし、「それをサポートするのが私たちの役目なのだ」と割り切れるものです。

そういったトラブルが起きるのは、結婚式場ばかりではないでしょう。仕事をしていると、いろいろなシーンで、マイナス思考に陥ってしまっている人と接することがあります。

そんなとき、相手のイライラに巻き込まれてしまっては、何も解決できませんし、事態をさらに悪化させることになってしまいます。

だいたい、暗い言葉を口にしたり、悲壮感を漂わせる表情をしていたり、相手を威嚇するような表情を露《あら》わにしたりすることは、決して〝品〟にはつながりません。

品のいい人は、本当に前向きで明るい人です。「どうしよう」「困ったな」とオロオロする前に、「大丈夫」「なんとかなる」とプラスの言葉を発して、いつの間にか自分だけでなく、みんなの心も前向きにしています。

さらに言うなら、本当に品がある人は、相手の状況を慮る能力にも長けています。

マイナス思考に陥り、攻撃的になったり、後ろ向きになったりしている人を前にしても、どうしてそうなっているのかを推測した上で、相手に寄り添っていくことができます。

まさに品のある人ならではの〝神対応〟です。

まずは、相手のことを慮ってあげることです。**イライラしている人、理不尽な怒り**

を向けてくる人を前にして、マイナスの感情に流されそうになったときも、深呼吸して、心を落ち着かせて、次に相手のことを思ってあげてください。

そうすれば、相手に対してイライラするのではなく、「ああいうことを言うのも理解できるわね」と考えられるようになります。

それは〝心に余裕を持つ〟ということなのかもしれません。

私もそれを目標にして、〝品のある人〟に一歩でも近づこうと心がけています。

人間関係の基本

必要以上にへりくだるのは、やめましょう

自分より強い人や権力のある人を前にすると、どうしても威圧されたように感じて、ついついへりくだった言動を取ってしまいがちです。

しかし本来、どんな人であろうと人間関係においては対等であるべきで、それを基本とすべきです。**相手が子どもであれ、目下の人であれ、年齢や立場が違っても、丁寧に、誠意を持って接することが一番大事で、必要以上にへりくだってもいけないし、理由もなくバカにしてもいけません。**

相手に威圧感を与え、近寄りがたいと思わせる人は、自らそういう雰囲気をつくり出している場合もありますが、それ以上に周りが雰囲気をつくっている場合もあります。昨今話題になった〝忖度《そんたく》〟という力学が働く現場では特にそうです。

典型的なのが政界です。

大物政治家の周りには、自分もその権力の恩恵を受けようと考える人が集まってきます。そういう人たちは、自分のボスに少しでも目をかけてもらい、ボスの力を最大限に利用するために、ひたすら追従《ついじゅう》します。

そればかりではありません。

自分の周りにいる人たちには、自分がボスにへりくだるのと同じように、自分に対してへりくだることを求めます。品のない言い方をすれば、ゴマをすってでもボスに気に入られようとするし、それを他人にも強要するのです。

周囲の人にしてみれば迷惑千万な話で、そういう人からはできるだけ距離を取ろうとするのも当然でしょう。

そういえば、「ちーがーうーだーろーッ！　違うだろッ！」と秘書を罵倒して、国会議員を辞職することになった女性がいました。彼女は、党の幹部に対してはひたすら従順だったそうですが、部下に対しては自分に服従するよう威圧していたわけです。

それが表沙汰になったとたん、支持者からはそっぽを向かれてしまいました。

芸能の世界も、そうした傾向がかなり露骨です。

人気のあるタレントさんの周囲には多くのスタッフがいて、滑稽なほどに気を遣ってタレントさんをガードします。まるで〝姫〟か〝殿〟を前にしているかのようです。そのような環境に置かれたタレントさんが、謙虚さを失わないほうが不思議だと思えるほどで、無意識のうちに周りに傲慢な態度を取るようになってしまうのも、しかたがないことかもしれません。

しかし、何かをきっかけにその実態が表沙汰になったとたん、ファンはそっぽを向いてしまいます。そして、商品価値をなくした人を守ってくれるほど所属事務所は甘くありません。こういった経緯で姿を消していったタレントさんも、過去に少なからずいらっしゃいました。

そういう意味では、芸能界で人気を保ちつつ、気品を感じさせるタレントさんは、本当の意味で品のいい人なのだろうと思います。

歪曲した人間関係が存在するのは、民間の企業でも同様です。「会社の常識は社会の非常識」という言葉もありますが、たとえば日産自動車のCEOを務めていたカルロス・ゴーン氏などは典型的な例かもしれません。

破綻寸前だった日産をV字回復させ、まさにカリスマ経営者として君臨していたゴーン氏でしたが、報酬を過少に発表したり、豪邸の費用を会社持ちにしたり、親族に利益供与をしていたなどの事実が暴かれ、一気にその権威を失うこととなりました。

しかし、これらは彼の一存でできることではありません。

ゴーン氏は、無実を主張しているようですが、少なくとも逮捕されるまで、彼の周囲は〝忖度〟に満ち満ちた世界だったに違いありません。

さらに言うなら、そうした忖度は、地域のコミュニティの中にも存在しますし、友人同士の間にだって存在しています。

自己アピールの強い人は、自然とリーダー的な地位を担うようになりますが、そんな人に追従して自分の居場所を確保しようとする人は少なくありません。〝虎の威を借る狐〟になってでもいい思いをしたい、立場を守りたい、と考える人はいるものです。

しかし、追従する姿を見て「自分もそうなりたい」と思う人は少数派です。むしろ〝浅ましい〟と感じる人のほうが圧倒的に多いでしょう。**何がなんでもへりくだると**

いうのは、間違っても品のいい生き方ではありません。

私たち自身も、必要以上にへりくだるのは、やめたほうがいいのです。

たとえば、ビジネスを通して力のある人、利用価値の高い人とお近づきになったからといって、ひたすら下手に出たところで、相手からの信頼は得られません。そんな姿を見た周囲はあなたを「ゴマをすってばかりの人」と見下すでしょう。

相手によって態度を変える人の中に、品格は見つかりません。

相手が誰であっても変わらぬ敬意を払い、対等であろうとすることが大事なのです。

そこに気遣いがあるかどうか

品がいい人のユーモアセンス

いつもマイナス思考で、後ろ向きな言葉ばかり口にする人を、「品格のある人」とは呼べないことは、前にも述べたとおりです。

私は、**いつでも泰然自若《たいぜんじ》として穏やかな表情を浮かべている人、ネガティブな言葉を使わない人、そして周りを明るくする人こそ、〝品格のある人〟**だと思います。

ただ、ときどき勘違いしている人がいます。自分ひとりで盛り上がり、はしゃいで、「周りを明るくしている」と思い込んでいるのです。

その実態は、単に空気が読めていないだけ。表面上は明るくとも、やっていることは、自分の意見を一方的にまくしたてたり、無理に押しつけたりしているだけで、周囲の人からはむしろ敬遠されがちです。

本当に周りを明るくできる人というのは、実は相手に気遣いができる思慮深い人であり、タイミングよくしゃれたジョークも発することができる、ユーモアのセンスを持っている人です。

こうした素質は「人間力」と言い換えることもできます。

つまり、**〝人間力を培ってこそ、本当の意味でその場を明るくできる〟ということであり、努力なくして「品格を備えた人」にはなれない**ということです。

よくダメ出しされるのが、下ネタを連発するおじさまです。かつては、「下ネタは誰も傷つけないからいいんだ」と言われた時代もありました。しかし、今は女性のいる場では御法度とされています。

たとえ女性たちばかりの場では、男性が真っ青になるほどの言葉が飛び交っている現実があったとしても、女性が同席している場で男性が下ネタを口にすると、とたんに「セクハラ!」「空気を読めない人!」という烙印を押されることでしょう。

わざわざ地雷を踏むようなことをする必要はありません。お気をつけください。

私自身は、下ネタも美しくかわせる大人の女性に憧れますが(笑)。

一流の人の「聞く力」

「口を開いているうちは、まだまだ二流だよ」

「君な、人の話を聞くときは、相手の本当に言いたいことを聞くんやで。自分の考えを挟んだらあかん。素直に相手の立場になるんや」（『松下幸之助に学ぶ　指導者の三六五日』木野親之／コスモ教育出版）

これは、松下幸之助さんの言葉。「人の話をよく聞こう。口を開いているうちは、人としてまだまだ二流だよ」という教えです。

人を惹きつける人は、人の話を聞くのがとても上手です。ただ聞くのではなく、人から話を引き出すことに長けています。〝聞く力〟を持っているということです。

もちろん、自分の意見がなくて黙っているわけではありません。ちゃんと自分の考えはあるけれども、あえてそれを口にせず、相手の話をしっかり聞いて、しっかりと受け止めます。

松下幸之助さんは、常に人に話を聞きながら経営を進めていったそうです。社員の話に真剣に耳を傾け、いつも感心しながら聞き、知っている情報でもはじめて聞いたかのように、途中で遮ることなく最後まで話を聞いたそうです。

そこには、同じ情報でも立場によって見る角度が違うという思いがあり、いろいろな人から考えを得ることで、あらゆる視点から考慮することが正しい判断につながると考えておられたからのようです。

「社長はいつでも我々の話を聞いてくれる。それも喜んでくれる」と思えば、社員のモチベーションも俄然上がるでしょう。

人は、自分の話に関心を持って聞いてくれる人に、心を開くものです。ましてや、喜んでくれたらどうでしょう。感心してくれたらどうでしょう。身を乗り出すように聞いてくれたらどうでしょう。

優れた経営者ですから、経営のことを第一に考えてのことだとは思います。ですが、社員を思いやる気持ち、尊重する気持ち、大切に思う気持ちがなければできることではありません。一流の経営者の品格を感じるエピソードです。

笑顔のレッスン

上品な人の笑い方、下品な人の笑い方

「精神がより高く、健康に育っていくほど、その人はあまり突飛的な笑いや下品な高笑いをしなくなるものだ。軽率で破裂的な高笑いはほとんどなくなり、微笑みや喜びの表情が増えていく」（『超訳　ニーチェの言葉』白取春彦編訳／ディスカヴァー・トゥエンティワン）。

これはニーチェの言葉です。

たしかに、人がケタケタと声を上げて笑う姿からは、あまり知性を感じられませんし、上品ではありません。**自然で静かな笑顔を浮かべている人のほうが、よほど充足感に満ちた印象を受けますし、その人の品格のよさを感じます。**

それは自然な笑顔こそ、人の心を和ませるからです。

たとえば、無心に笑顔を浮かべている赤ちゃんを見て、攻撃的になる人などいないでしょう。天使の笑顔とはよく言ったもので、無垢な赤ちゃんの笑顔には下品さなどかけらもありません。

ひょっとすると、人間は生まれたときはみんな等しく品を備えているのに、成長していくにしたがって、次第に世の中の汚濁にまみれ、下品になっていってしまうのではないかと思えるほどです。

赤ちゃんに限らず、誰かの素敵な微笑みを目にして、それを嫌だと思う人はいないでしょう。たとえば、朝、出勤前にコーヒーショップに入って、とても笑顔がかわいい人に会って、なんだか元気をもらって、その日一日を楽しく過ごせた……なんてことはありませんか?

サービス業などに携わる人の中には、「本当にお客さまに喜んでもらいたい」「そのために、きちんとしたサービスを提供したい」と思っている人が少なくないのです。そんな気持ちを持っているからこそ、人を和ませる自然な笑顔を浮かべることができるのだと思います。

最近では、ファストフード店やコンビニで働く外国人の姿がすっかりお馴染みになっていますが、そういう方たちの中にも、本当に素敵な笑顔を浮かべてくれる人がたくさんいます。

お会計のときに、ひと言、「ありがとう」と伝えてみてください。真剣な表情で忙しく働いている彼、彼女たちが、あなたのひと言で輝くような笑顔を浮かべてくれるはずです。

上品であるかどうかは、貧富の差や権力の有無、ましてや国籍なんてまったく関係ありません。どんな立場の人でも、どんなところで働いている人でも、上品な人もいれば、品のない人もいます。

できれば、いつまでも赤ちゃんのような素敵な笑顔を浮かべて、毎日を生きていきたいものです。そのためには、相手に求めるばかりではなく、自分も率先して、素敵な笑顔を浮かべるように心がけることが大切です。

太宰治が感動したこと

「微笑み」の周りには人の花が咲く

「微笑は、する者にも見る者にも、上品でよいものだ」

この言葉は、太宰治のエッセイ『知らない人』の一節です。

このエッセイは、太宰が腰の腫れもので病床に伏していたときに書かれたものです。

そのとき太宰が手にした第一早稲田高等学院の「学友会雑誌」には、K教授の追悼記が掲載されていました。K教授とはまったく面識のなかった太宰でしたが、追悼文からK教授の素晴らしい人となりを感じ、追慕の念すら抱いたというのです。

そして追悼文の中から、ある人が書いていた、

〈K君は決して他人の悪口を言わない。他人の批評をしない。決して蔭口をきかない。けれども、厭なもの、くだらぬものの傍は黙って通りすぎる人であった〉

という部分を引用するとともに、次の一節も引用しています。

〈本当の意味のユーモアは、K君の持味だった。軽口を言わず、駄洒落を飛ばさないから、K君をユーモリストだと誰も思わないけれど、挨拶をさせたり、序文を書かせたりしたら、K君のものは天下一品だ。少し長すぎるなと思っても、結構、しまいまで付き合いさせる面白さがあった。**微笑は、する者にも見る者にも、上品でよいものだ。そんな軽い微笑をK君は絶えず人々に、そっと投げかけていた。だからK君のいる傍は、いつも和やかな春風が吹いていた**〉（傍点：筆者）。

無頼派と呼ばれ、どちらかというと世の中を斜めに見ていた太宰ですが、よほどK教授に共感するところがあったのでしょう。追悼記を読んだ太宰は、エッセイの最後をこう結んでいます。

〈私は、なんだか、寝床に起き直りたい気持になりました。小さい、美しい奇蹟を、眼の前に見るような気がいたしました。奇蹟は、やはり在るのです〉

太宰に限らず、日本人は微笑みに上品さを感じます。しかし、欧米人にはそうした感性がなかなか通じないようです。

たとえば、日本人の微笑みについて、ギリシャに生まれ日本に帰化した作家・小泉

八雲は、1890年に来日した直後に書いた『日本瞥見記《べつけんき》』の中で、

「愛する人が亡くなった重大なときにこそ、みだりに表情を表すことを控え、むしろ笑みを浮かべることを美徳としていた」

という日本人の様子を挙げて、外国人である自分には不思議で不可解なものだったと書いています。しかし松江の士族の娘・小泉セツと結婚し、日本の文化を学ぶ中で、その微笑みが周囲の人々に対する〝思いやり〟から生まれたものであること、日本の文化であること、そしてそれこそ日本人が求める〝品〟というものであることを、少しずつ知っていくのです。


とはいえ、こうした文化の違いは今もあり、日本人がときおり浮かべる笑顔に外国人は戸惑い、不気味さを感じると言います。

「知り合いでもない人がなぜ自分に微笑みかけるんだ。なにか深いわけでもあるのか。自分を騙そうとしているのか」というわけです。ときには誤解を招いて、関係が悪化することすらあると言います。


それもしかたのないことかもしれません。たしかに海外では、日本人が浮かべるような思いやりの〝微笑み〟に出会うことは、まずありません。

たとえば中国では、販売員は買い物客に対して、表情ひとつ変えずに対応していま す。日本人から見れば、まさに「売ってやる」と言わんばかりの表情です。

アメリカのエアラインのキャビンアテンダントも、まったく無表情のまま、日本人からすると乱暴に思えるくらいに荷物を放り投げたりします。

私などは見ていて、「少しは笑いを浮かべたほうが、自分も楽しいのに」と思ってしまいますが、彼らにしてみれば、それが正しい仕事のこなし方であり、なぜ意味もなく微笑むのか理解できないのです。

そもそも諸外国には、さまざまな民族が集まっている国の中で生き延びるために自己主張をせざるをえないという背景があるためか、〝他人のことを慮って微笑みを浮かべる〟という文化などないようですから、それもしかたのないことでしょう。

しかし、来日する外国人が増加するにつれて、微笑みも含めた日本のホスピタリティのよさは、徐々に認識されつつあるようです。「日本は親切な国だ。もう一度行きたい」というリピーターが増えているといいます。

そういう意味では、日本人が考える〝品のよさ〟が海外の人々に理解される日も、近いような気がします。

正しい敬語を身につける

言葉遣いには必ず〃本性〃が出る

言葉遣いひとつでも、その人の品格は推し量れるものです。

たとえば、粗暴な性格の人の言葉遣いは荒々しくて、相手に威圧感を与えてしまいます。丁寧に話そうとしても言葉の端々に乱暴なフレーズが紛れ込んでしまうので、本性を隠しきれないのです。

また、本来は心根の優しい人でも、乱暴な言葉遣いをしていると、敬遠されてしまいます。本当はとてもいい人なのだとわかってもらい、親しくなるまでには、かなりの時間がかかってしまうでしょう。

人と人との関わりの中で、言葉遣いはとても重要なのです。

特に、**「敬語の基本」**をきちんと身につけておくと、相手に好印象を持ってもらいやすくなります。

もし、敬語に苦手意識があるのなら、まずは学びましょう。敬語や言葉遣いに関する書籍は多数出版されていますから、1冊購入して、目を通してみてください。

余談ですが、私の著書『敬語「そのまま使える」ハンドブック』『大人の表現「そのまま使える」ハンドブック』（ともに三笠書房「知的生きかた文庫」）も十分、読者の皆さんのご期待に添えるかと思いますので、ぜひご一読いただけると幸いです。

ただし、敬語の基本を身につけたいのであれば、書籍で学ぶだけで終わらせないでください。学んだことを活かして場数を踏むことも大切です。

上司や取引先の方と話をするのは苦手だと避ける人がいますが、それではいつまでたっても成長できません。**積極的に〝大人の会話〟に挑戦しましょう。**あまりにもハードルが高いと感じるなら、まずは社内で行なわれる会議の席で、自分から発言することを心がけるのもいい方法です。

丁寧にしゃべろうとするあまり、口ごもったり、敬語の使い方を間違ったりするかもしれませんね。

でも、それでいいのです。

大事なのは、失敗を恐れず、何度も挑戦し続けること。

そうすれば、自然と敬語の基本が身につきます。

若い人はとにかく、〝使って慣れろ！　耳で覚えろ！〟です。

言葉遣いのきれいな先輩や、品がいいと感じられる上司の話し方を聞いて、復唱するぐらいの気持ちで頑張れば、１か月もしないうちに、ある程度、丁寧な言葉を使いこなせるようになるはずです。

そして**何より肝心なことは、相手を敬い、重んじる姿勢を示すこと**です。

敬語はあくまで、その姿勢を表す手段にすぎません。相手を大事に思う気持ちを、それを伝えるに値する美しい言葉で表現することのできる人が、品のある人として周りに認められるのではないでしょうか。

TPOに合わせた話し方

「空気」が読める人、読めない人の会話

敬語の大切さは前述しましたが、だからといって、

「～でございます」

「～と存じます」

などと繰り返しているばかりでは、どんなに時間をかけても、相手との距離はなかなか縮まらないでしょう。

丁寧な中にも、どこかでフッと緊張がほぐれる一瞬があってこそ、相手に対する親しみの情が生まれてくるし、次第にその場が和んでくるものです。

堅苦しいばかりでは、「あの人は真面目だ」とか「謹厳実直だ」と思われるだけで、おもしろみに欠けます。

私が品のいい方だなと思う人は、ユーモアにも富んでいるように思います。心の余

裕があるからでしょう。ちょっとした遊び心があるのです。

その人がいると、周囲がなんとなく穏やかな空気になる。心静かに過ごせる。

そういうゆったりとした雰囲気をつくり出せる人に対してこそ、周りの人は品を感じるものではないでしょうか。

そのような意味では、TPOに合わせた言葉遣いが大切になります。

公式の場では丁寧語を流麗に使いこなして、威厳のあるオーラを発散させながらも、ちょっとくつろいだ場では相手に合わせて会話をしたり、ときにはジョークを言って場を和ませてくれる……。そんな人に私は魅力を感じますし、そうなりたいものだと思います。

これは、「空気が読める人だ」と思われるか、「空気が読めない人だ」と敬遠されるかの差にも通じる部分です。

かしこまった場で、場に合わない言動を取って、「あの人は空気が読めない」とレッテルを貼られる人の中には、実は「今は大切な場だ」ときちんと認識している人も少なくないと思います。にもかかわらず誤解されるのは、その場に合わせた上手な言葉遣いができていないからでしょう。なんとももったいない話です。きちんとした言葉遣いを勉強しさえすれば、その人の評価はもっともっと上がるはずなのですから……。

ところで、私は専門学校で教えていたとき、学生との会話において、TPOを大事にしていました。

たとえば、授業中はオフィシャルな場だと考え、学生のことを「○○さん」と敬称をつけて呼び、講義をするときには丁寧語を使いました。多少、話が脱線する際には、くだけた言葉も使いましたが、基本的には「ですます」調です。

ただし、学生からの相談にのるときや、プライベートな話をするときには、敬称をつけず名前で呼びかけましたし、ラフな言葉を使って、距離を縮める努力をしました。話しづらい相談事も多いですから、相手との距離をグッと縮めるために、あえて使い分けをしていたように思います。

TPOに合わせた言葉を選んで使うことは、相手への思いやりであり、その配慮ができる人に品性を感じます。

四つのNGワード

無意識に〝ネット言葉〟を使っていませんか？

「ヤバイ」「マジ」「うざい」「キモイ」……。

若い人の会話には、そんな言葉が頻繁に飛び交っています。男子も女子も関係ありませんし、まじめで清楚な雰囲気の女子も自然に使っているので、すっかり定着した言葉なのでしょう。

実際、私が専門学校で教えていたときにも、学生たちは講師の前でも平気で使っていました。彼らは、そうした言葉を使うことにまったく抵抗がなく、ごく当たり前になっているのだと思います。

そんな時代の流れを反映したように、2018年10月16日（辞書の日）に発売された『三省堂現代新国語辞典 第六版』には、若い人が日常会話で使う言葉が数多く収録されていたことから、話題になりました。

たとえば【沼】という単語には、従来の〈①くぼ地に自然に水がたまってできた、どろの深い所「五色沼」〉という説明に加えて、新たに〈②趣味などに、引きずりこまれるほどのめり込んでいる状態のたとえ「カメラでレンズの沼にはまる」〉という説明が書き加えられました。

また、【草】という単語については、本来の意味に加え、〈④［ツイッターなどで］笑う（・あざける）こと。笑えること。［waraiの頭文字を並べたwwwが、草が生えているように見えることから］〉という説明が加えられました。

ちなみに、【やばい】という言葉は、旧版では、

〈やば・い〈形〉［俗語］①つごうがわるい。まずい。「見つかると――」、②あぶない。危険である。「――仕事」、③すごい。とてもすてきだ。「この曲は――」［若者がつかう］〉

と解説されていましたが、第六版では次のように説明されています。

〈やば・い〈形〉［「ヤバい」とも書く］①都合がわるい。まずい。「見つかると――」、②あぶない。危険である。「――仕事」▼［隠語的な言い方］③自分でもどうしてい

いかわからないほど好ましい。「このスイーツ、——」〔①を転用した、若い世代の言い方。たんに「あっ」や「おっ」の代用をする感動詞のようにも用いられる〕〉といったように「▼」のマーク以降が付け加えられ、より詳しく解説されているのです。

そもそも言葉というものは、時代とともに変遷していくものですから、そのうち、「マジ」「うざい」「キモイ」も国語辞典に載る時代がくるのかもしれません。

ちなみに、「ヤバイ」の語源は諸説ありますが、江戸時代に盗人や囚人が看守のことを「厄場《やば》」と呼んだからとか、遊技場を「矢場」と呼んでいたからとされています。「マジ」は、江戸時代から、芸人の楽屋言葉として「真面目」の意味で使われていた言葉です。

また、「うざい」の語源も江戸時代にあり、うじゃうじゃと人や物が集まっているのを表す「うざうざ」という言葉から生まれたそうです。

それらに対して、「気持ち悪い」の短縮形である「キモイ」は新しい言葉で、1990年代後半ぐらいから、若者たちがネット上で使いはじめたとされています。

一つひとつの言葉の語源を調べてみると、それなりにおもしろいものです。しかし、時代が移り変わっても、元来の美しい日本語は忘れられてほしくないと願います。

このような言葉は、年長者にしてみれば、耳ざわりでしかありませんし、多用する人からは残念ながら浅薄なイメージしか受けません。

社会人になっても学生のときの癖が抜けず、「ヤバイ」「キモイ」といった言葉が頻繁に出てくるような話し方を続けていたら、周囲の人から呆れられるでしょう。きちんとした言葉遣いを習わずに育ったのだと、低い評価しか得られません。

もし、「あなたの言葉遣いはおかしい」と、面と向かって指摘してくれる人がいたら、それはとても得難い人です。しかし、社会に出ると、そういった機会にはなかなか巡り会えなくなるものです。

つまり、自分の言葉遣いに難があることに気づけないまま過ごすことになり、品格ある大人の仲間入りを果たすのは難しい、という結果になってしまいます。

今、インターネットの拡大とともに、若者の使う「ネットスラング」はものすごい勢いで増えています。

しかし、ネットとリアルは別ものです。たとえ友人同士の会話であっても、その言葉はネットから持ち出していい言葉なのか、今この場で使っても、自分に対するマイナスイメージにつながらないか、慎重に言葉を選んで使うように意識してほしいと思います。

「人のふり見て我がふり直せ」ではありませんが、**人が口にするのを聞いたときに、なんとなく嫌だなと思う言葉は、自分では使わない**ことです。

私は言霊《ことだま》は存在すると考えています。マイナスの言葉からは、決してプラスの力は生まれてきません。

美しい言葉を身につけることで、未来が開けてくると信じています。

第2章

品がいい人の
こんな「所作」、
こんな「外見」

シャネルの流儀

「上品な服装は女を引き立たせるが……」

「下品な服装は服だけが目につき、上品な服装は女を引き立たせる」

これは、ココ・シャネルこと、ガブリエル・シャネルの言葉です。

1883年にフランスの救済病院で生まれた彼女は、幼くして母を病気で亡くしたのち、姉とともに行商人の父に捨てられ、孤児院で育ちました。

しかし、そんな不遇な時代を乗り越え、シャネルを創業し、20世紀を代表するファッションデザイナーと称されるまでになります。ココという名は、彼女が若い頃、キャバレーで歌っていたときの愛称です。その名をあえて名乗ったのは、自分の生き方に誇りを持っていたからでしょう。

ココ・シャネルが亡くなったのは1971年。今から50年以上前のことです。しかし、シャネル・スーツといえば、現在でも女性用ビジネススーツのトップブランドとして、多くの女性の憧れとなっています。

それはシャネルのデザインが、シンプルでありながら品格とエレガントさを兼ね備えているからでしょう。だからこそ、時代を超えて多くの女性に愛され続けているのです。


そもそも彼女が生み出したデザインは、それまでのファッションの常識を覆すものでした。

当時、上流階級の女性はコルセットで体をしめつけ、ロングドレスを着用するのが当たり前でした。しかしシャネルは、「なぜ女性は、窮屈な服装に耐えなければならないのか」と考え、よりスッキリとした活動的に動けるデザインを提案したのです。

シャネルの試みは、第二次世界大戦後の時代に、社会進出をはじめていた女性たちに広く受け入れられました。働く女性たちが彼女のデザインを認めたのです。

とはいえ、シャネルのデザインした服が、単に「動きやすい」というだけだったら、21世紀の今日までトップブランドであり続けることはなかったでしょう。

着やすさに加え、品格とエレガントさも兼ね備えていたからこそ、多くの女性たちに選ばれるようになり、今もなお、シャネル・スーツを身につけることが、女性にとって「一流」の代名詞となっているのです。

着るものによって、その人に対する周りの評価は変わります。男性でも女性でも、社会に出ると、服装によって人の価値が判断されることは少なくありません。

たとえば、今、若い人の間ではファストファッションが主流となっています。安く手に入りますし、アイテムによってはさまざまな着回しができるので、重宝します。デザインだけで着こなすことができる若いうちは、背伸びして高価な物を身につけるより、よほど好感が持てます。

しかし、経験を積み、責任を負う立場になったら、シンプルでも素材のよい物を身につけるなど、着るものへの意識を変えていく必要があります。ファストファッションや流行を取り入れすぎると軽く見られ、あなたの存在が霞《かす》んでしまうばかりか、立場に対してアンバランスで滑稽にさえ感じられることもあるからです。

かしこまった席や対外的な場に出るときには、特に注意が必要です。ふだんとまったく同じファストファッションでは、自分でも気づかないうちに、周りからの評価を下げることにもなりかねません。

最近、フォーマルな席にラフなスタイルで登場する人が目につきます。特にＩＴ系やベンチャー系で成功した人の中には、Ｔシャツ姿で出席する人も見かけます。

本人は、「それのどこが悪いんだ。そんなにかしこまる必要なんてないじゃないか」と、あえてそうしているのかもしれません。しかし、どうしても周囲の人は違和感を覚えるものです。**「まあ、あの人らしいな」と許容はしてくれても、「品がいい」とは決して思ってもらえないでしょう。**それどころか、場合によっては、「礼儀知らず」「常識がない」などと悪印象を持たれかねません。

だからこそ、服の使い分けが大切なのです。

社会人になったら、〝ここ一番〟というときに着るスーツの1、2着は準備しておきましょう。

もっとも、高価なブランド品であればなんでもＯＫ、どこへ行くにもＯＫ、というわけにはいきません。**どんなシーンにどんなスタイルが合うのか、ＴＰＯに合わせて服を選ぶことが大切です。**

冒頭のココ・シャネルの言葉を、心の中にしっかりと留めておきたいものです。

格式や伝統を重んじる

「ドレスコード」をわきまえましょう

若いうちはラフな格好も素敵ですが、**年を重ねるにつれて、チープな服装はどうしても目につきやすくなるものです。また、社会的な立場にふさわしい服装をすることも、必要になってきます。**40歳を過ぎて何人もの部下を持つ人が、20代の人たちと同じような服装をしていると、かえって浮いて見えます。

服装は自分を表現する一つの方法でもあり、その人自身の心持ちや考え方が反映されるものだと思います。ですから、ある程度の年齢になったら、服装もアップデート、時にはアップグレードさせるべきでしょう。

また、この場所には何を着ていくのがふさわしいかと考える力も求められます。

ドレスコードというと、高級なレストランに行くときや、結婚披露宴のようなフォーマルな席に出席するときのことを思い浮かべるかもしれませんが、実は日常のさまざまな場面において、ドレスコードは存在するのです。

結婚披露宴のようなフォーマルな席に、ジーンズにTシャツで出かけるのはあり得ませんが、スポーツ観戦やアウトドアを楽しむ場で、着飾って行くのもNG。このような場合には、動きやすい清潔感のある服装がふさわしいですよね。

食事に行く場合も、同席する人が、初めて会う方や目上の方であれば、ジャケットを着用するなど相手への配慮が必要ですし、親しい友人であれば、自分らしさを取り入れたおしゃれをして出かけるのもよいと思います。

その場その場にふさわしい、相手への気遣いを表す装いをすることが、ドレスコードをわきまえるということなのです。

ドレスコードをわきまえたおしゃれを楽しんでいる人はエレガントですし、品格が感じられます。

最近は結婚披露宴もかなりカジュアルになっていますので、それほど堅苦しく考えることはありませんが、女性の場合、気をつけたほうがよい点がいくつかあります。

たとえば、靴はミュールなどかかとのない靴やブーツは避けます。また、冬になるとボレロタイプのファーを身につけている人を見かけますが、これも実はNGです。

ファーは殺生をイメージさせますし、もともと寒さを防ぐコートのような役割を持っているので、結婚式場内で着用するにはふさわしくないと言えるのです。

葬儀の場合は、身につけるアクセサリーはパールもしくはブラックパール以外NG。黒のストッキングを着用し、靴はエナメルなど光沢のあるものは避けます。バッグは本来は布製のものが正式とされています。ファーと同じく、革は殺生を連想させてしまうからです。ただし、最近は革製のバッグでも控えめなものならば問題ないとされています。

ドレスコードをわきまえることで品格も身についてきます。

年齢や立場に応じて、その場にふさわしい服装をする心がけが必要でしょう。

「あの人は品がない」という印象を持たれてしまっては、どんなに能力があっても、実績があっても、マイナス査定をされてしまいかねません。

あなたにとって「いい服」とは

ブランド品を買うのは、2年か3年に一度でいい

高価なブランドの服は、それを身にまといさえすれば誰もが品よくなれるというものではありません。そればかりか、その服に見合わない人が身につけてしまうと、かえって品性を疑われてしまうことにもなりかねません。

最近では、日本の若い人が、ルイ・ヴィトンやエルメスなどの高級ファッションブランド品を身につけているのをよく目にします。

しかし残念なことに、本当の意味で似合っている人はごく稀です。一方、欧米では、ブランド品を身につけた若い人を見かけることは、ほとんどありません。

「ブランド品は、それを持つにふさわしい人が持つ物であり、もし持ちたいなら、まずは自分の内面を磨き上げなければならない」

という考え方があるからです。また、作家・評論家のマークス寿子さんは著書『自

信のない女がブランド物を持ち歩く』（草思社）で、

「裕福な人たちも、ブランド品を買うのは2年に一度、あるいは3年に一度くらい、という認識を持っている」

と指摘しています。

購入した物は10～15年にわたって持ち続け、本当にいい物であれば、それを子や孫に譲り渡して使い続けていく。それが、ブランド品と呼ばれている物の価値だというのです。

いい物を揃えて、丁寧に、何年も使い続けるのが理想でしょう。

『フランス人は10着しか服を持たない　パリで学んだ〝暮らしの質〟を高める秘訣』（大和書房）の著者、ジェニファー・L・スコットさんはアメリカ人女性ですが、学生時代にフランス・パリの貴族の家にホームステイしたとき〝シックなライフスタイル〟を学んだそうです。

本書でスコットさんは、

「フランス人は、どんな服を着たら自分の美しさが引き立つかをわかっていて、自分のスタイルを確立しているからこそ、たった10着の服しか持たなくても十分におしゃれに見えるのだ」

と言っています。

無駄に服装にお金をかけるのではなく、自分が最も自分らしく見える服、最大限の美しさを引き出してくれる服を見つけ出し、身につける。

品のいい人の魅力はそこにあります。

お金をかけてブランド品を買うよりも難しいことかもしれませんが、そんな努力をしていきたいものです。

あなたはここを見られている

「あと始末」をきちんとしていますか?

使った物はもとの場所に戻す。

デスク周りはきちんと整えておく。

こうして、物事を「しっぱなし」にしない習慣が身についていると、「あの人は品がある」という印象を持たれやすいものです。もっとも、私自身、しょっちゅう家の中でスマホを探しているので、あまり偉そうなことは言えないのですが……。

意外かもしれませんが、**男性よりも女性のほうが「しっぱなし」にする傾向が強い**ようです。

たとえば、飲みかけのペットボトルやカップに口紅がついていても、平気でデスクの上に放置していたり、デスクの下では窮屈さを嫌って素足になり、脱いだ靴や靴下を脱ぎっぱなしのまま転がしていたりするのです。

周りから見られている、という意識があまりないのでしょう。

そう考えてみると、電車で脚を大きく広げてスマホに夢中になっている女子学生もよく見かけますし、先日は胸元を大きくはだけたまま、大口を開けて眠り込んでいる若い女性がいて、ついつい二度見してしまいました。


自分が興味あるものにしか注意を向けず、それ以外には無関心。

これは、女性に限らず、最近の若者全般に当てはまる傾向かもしれません。

視野が狭いというより、自分にばかり気持ちが向いているのです。

ただし、その結果は明らかです。

「あれ、あの子かわいいのに（ハンサムなのに）、中身はだらしないんだな」

そんなふうにがっかりされてしまう……。なんとももったいない話です。

誰かに見られているかもしれないことを、常に頭の片隅に意識しておきましょう。

しっぱなしで放置しているあなたの行動によって、あなた自身が人物査定されている場面はいくらでもあるのです。

カバンを開けっぱなしにしない。机の引き出しを開けっぱなしにしない。靴を脱ぎ

つぱなしにしない。お化粧室の洗面台の周りにはねた水をきちんと拭き取っておく。

ちょっとしたことへの気配りを忘れないことです。

「だって忙しいんだもん」とか「そんなことまで気にしていられない」という声が聞こえてきそうですが、忙しいときほどひと呼吸おいて、身の回りに気を配り、あと始末をしっかりしておきましょう。

その小さな習慣の積み重ねが、品のよさをつくっていくのだと思います。

「音」に気を配る

「物静かな人」の魅力

たとえば、パソコンのキーボードをやたらと強く叩く人。

これみよがしに足音をコッコッ響かせながら、ハイヒールで闊歩する人。

上司に成果を報告するときの声ほど、必要以上に大きい人。

このように、職場でやたらと音を立てて周りをイラ立たせる人がいるものです。私の偏見かもしれませんが、自分のことを〝できる〟と思っている人ほど、その傾向が強いような気がします。

しかし、たとえ実際に仕事ができたとしても、この手のタイプに対する周りの印象は、あまりよいものではありません。

そもそも、**多くの人が「上品な人」と言われて抱くのは、〝物静かな人〟というイメージです。**やたら騒がしい人のことを、上品だとは絶対に思わないでしょう。

とはいえ、本人はわざとやっているわけではありません。自分が立てる音は自分にとって不快なものではありませんし、決して意識的なわけではなく、音に気づいてすらいないのでしょう。

何気ないふだんの行動を思い返してみてください。

「パソコンのキーボートをやさしく叩こう」
「ドアの開け閉めを静かにしよう」
「オフィス内では静かに歩こう」

と意識していますか？　まったく無頓着だったのであれば、これから気を配ることで、あなたの品のよさは格段に上がるはずです。

また、職場だけではなく、公共の場でも、余計な音を立てないように気をつけたいもの。よく問題になるのは、電車内でのイヤホンの音漏れです。自分が思っているよりも音は漏れやすいことを十分に意識しておく必要があります。

それから、意外に嫌がられるのが、電車での会話。特に何人か仲間が集まると、話に夢中になり声も大きくなりがちです。**自分が楽しんでいるときも、周りの人に気を配れる余裕を持てる人が、「品がいい」と言われる人なのです。**

上品に見える所作の基本

「あと2秒」の心がけで、お辞儀の印象がよくなる

気持ちが急いていると、行動までせかせかしてくるものです。それはしかたのないことですし、場合によってはテキパキと動く必要もあるでしょう。

でも、四六時中、せかせかしている人を見て、「あの人は品がある」と思う人はいません。逆に、**ゆったりとしたしぐさの人を見ると、どことなく優雅で上品に感じるものです。**

たとえば、テレビのニュースなどで皇室の方々を拝見すると、いつでもゆったりとしたしぐさで、お辞儀もゆっくりなさいますし、言葉遣いもやわらかく、ゆっくりとお話しになります。そうした物腰が、人々に深い安心感を与えると同時に、崇敬の念を抱かせるのです。

しぐさはゆったりと、ゆっくりと。今日からこれを意識してみましょう。

映画『プリティ・ウーマン』では、娼婦のビビアン・ワード（ジュリア・ロバーツ）が、実業家のエドワード・ルイス（リチャード・ギア）と出会ったことをきっかけに、エレガントな女性へとみるみる変わっていく様子が描かれます。

エドワードと知り合った当初のビビアンは、言葉遣いは粗野でしたし、食事もガツガツ食べていました。しかし、徐々に優雅に食べることを覚え、歩き方も変わり、しゃべり方もレディになっていきます。

以前は自分の服装も、しぐさも、まったく意識していなかったビビアンが、エドワードに教えられることで、振る舞い、しぐさ、装いの美しさに気づき、意識しはじめ、やがて劇的な変身を遂げるのです。

あなた自身にも、ビビアンと同じような変化を起こすことができます。

ほんのちょっとした〝気づき〟が、あなたの印象を格段に変えるのです。

難しいことはありません。身近なところにも、変化のきっかけはたくさんあります。

たとえば、**電話を切るとき、相手が電話を切るのを待つちょっとした余裕を持つだけで、相手に与える印象は変わる**ものです。

スマホで日常的にやりとりするようになったせいでしょうか、話が終わると即座に通話を切ってしまう人は多いようです。

家族や親しい友人ならまったく問題ないでしょう。しかし、相手が目上の人や仕事関係の人であるときは、不快な思いをさせたり、マイナスのイメージを与えたりしかねません。

一方、「相手が電話を切るのを待つ」という、些細に思える行動でも、身につけておくだけで好印象につながるのです。

私自身は職業柄、必ず相手が通話を切るまで待つように心がけていますが、相手のほうが、私が切るのを待っていると感じることはほとんどありません。だからこそ、たまに私が切るのを待っている気配を感じると、とても丁寧な方なのだなという印象を持ちます。

もっとも、お互いに相手が切るのを待ったままだと電話が終わりませんから、ほどほどにすることも必要ですが、どちらにしろ、**ほんの1、2秒でも「待つ」という余裕が、あなたの優雅さを演出する**ことには変わりありません。

1、2秒の余裕が印象を変える例といえば、お客さまをエレベーターまでお送りするとき。

「ありがとうございました」とお辞儀をしたはいいものの、パッと頭を上げたら、まだエレベーターの扉が閉まっておらずお客さまと目が合ってしまい、恥ずかしい思いをしたことはありませんか？

ほんの1、2秒のことですが、そのわずかな差が相手に与える印象はかなり違います。さすがに、それぐらいのことで「なんて失礼な人なんだ」と怒り出す人は稀でしょうが、なんとなく気まずい空気が流れるのは間違いありません。

逆に、ほんの1、2秒しっかり頭を下げ続けることで、相手には丁寧な印象が強く残り、「あの人は上品で素敵な人だな」と思われるのではないでしょうか。

残心《ざんしん》という言葉があります。武道や芸道において用いられており、「技を終えたあとにも気を緩めない」という意味で、余韻を残すという日本の美学に通じる言葉です。

忙しいときにこそ、心を残すゆとりを！
それがあなたを優雅に見せ、あなたの上品さを演出するのです。

カッとしない

「怒り」は一瞬で、品性を奪います

映画『ウェディング・プランナー』の中で、主演のジェニファー・ロペスが演じるウェディング・プランナーは、お客さまの前ではいつも優雅に振る舞いますが、お客さまから見えないところでは、一転してドタバタと走り回ります。

実は、まさに現実もそのとおりです。すべてが予定どおりに進行する結婚式など、ほぼありません。大なり小なり、想定外の出来事が起こります。

祝辞を予定していた人が急に欠席になったり、スピーチや余興が長引いて時間が押してしまったり、お客さま同士の間でちょっとしたもめごとが起こったり……。それでも、何事もなかったかのように進行しなければなりません。

バックヤードもたいへんです。

式場の進行に合わせて、新郎新婦のお色直しをしたり、料理を準備したりで、バタバタの状態です。

それでも、お客さまの前では、ドタバタぶりなど決して見せない。

それがプロの使命です。

結婚式に携わる仕事において大切なのは、とにかく落ち着いてものごとを進めていくということです。結婚式では、華やかな中にも厳かな雰囲気をつくり上げることを求められます。スタッフが、せかせか、バタバタしていては、とてもそんな雰囲気はつくり上げられません。

ですから私は、**少々トラブルがあっても、イラッとすることがあっても、ひと息ついて、意識して、口角を上げて笑顔をつくることを心がけています。**そうすることで、会場に落ち着きを取り戻すことができるのです。

そういう意味では、私たちは〝シーンに合わせた立ち居振る舞い〟が求められると言ってもいいでしょう。しかし、それはブライダルの仕事をしている者だけに求められるのではありません。社会人として当然のことです。

どんなときでも、イライラしたり、まして怒ったりしていては、いい結果につながることはないのです。

怒りや焦りの感情を表に出すことがいかにマイナスかはわかっていても、そう簡単に抑えることはできません。ではどう対処したらよいのでしょう。

ここでは、怒りの感情から自分を守る方法を考えてみたいと思います。

第一に、怒りの感情に乗っ取られないことです。怒りの感情を抱いたとき、大抵の人は眉間にしわが寄り、目つきも悪くなるでしょう。そんな自分が人からどう見られているか考えたら、ぞっとしませんか？　文句の一つや二つを言いたい気持ちもわかりますが、人から自分がどう見えているかを意識してみることです。

それには、何かカチンときたとき、まずひとつ深呼吸しましょう。深呼吸することで、怒りの表情だけではなく攻撃的な言葉も抑えることができるのです。

そして、頭の中を整理しましょう。「なんであんなこと言われなきゃいけないの」「おかしいのはあなたでしょ」など怒りは湧き上がってくるでしょう。当然です。が、そこで、ちょっと我慢です。落ち着いて、自分の身に何が起こったのかを整理します。「なぜ相手があんな言い方をしたのか」「何か誤解があったのではないか」と。

徐々に「ひょっとしたら？」ということが見えてくるはずです。

もしもあなたが誤解を招く行動をしたと思い当たることがあれば、素直に謝ればよいでしょう。もしも自分が正しいと思えば、毅然《きぜん》とした態度で自分の考えを貫けばよいでしょう。

ただし、何かトラブルが起きたとき、相手がいることですから、どちらか一方が１００％正しい、１００％悪いということはありません。あなたが悪くないと思うことでも、多少言い方を気をつけたほうがよかったことや、相手への配慮に欠けていた点があったかもしれません。

そこは、謙虚な姿勢で相手と接することが大切です。

しかしながら、あなたが謝ったり誠実な姿勢を示したにもかかわらず、相手の怒りが収まらないときには、しばし静観です。

必要以上に謝ることはありませんが、争ってしまうのは無駄な時間とエネルギーを使うだけです。

感情に押し流されずとにかく冷静に。必ずしも時間が解決すると言い切れない部分はありますが、多くの場合、時を経るにつれ、状況は好転していくものです。

どんなときも、自分を信じ毅然とした態度で相手を尊重する余裕を持つことが、品のある生き方と言えるのではないでしょうか。

これだけで印象が変わる

物の受け渡しは「両手」を使って

あなたは人に物を渡すとき、きちんと両手で渡していますか？

同僚に書類を手渡すとき、片手でポイと渡していないでしょうか。

「そこのペンを取って」と頼まれたとき、片手でヒョイと差し出してはいませんか。

そうした渡し方は避けたほうがいいことは言うまでもありません。渡すほうは何気ない行動でも、受け取るほうは意外にそういうしぐさを見ているからです。

両手で渡されると、

「ああ、この人は丁寧だな」

と、人は瞬間的に思うものです。フッと片手で渡されると、

「私のことを軽く見ているのかしら」

と逆に不快に思うかもしれません。渡された物が自分にとって大切な物であれば、

「この人は、これが大切な物だと理解していないんだ」

と、相手に対する評価を下げるでしょう。

特に意識したいのが、名刺です。今でこそ、片手で差し出して同時交換しても違和感を覚えない人が増えていますが、**名刺は本来、その人自身を表す物であるという考えから、両手で渡し、両手で受け取るのが基本**です。

名刺交換においては、先に目下の者が、目上の人に差し出すのが原則と言われ、ビジネスシーンでは、売り手は買い手に、受注者は発注者に対して敬意を払い、先に差し出します。

ただ、一部の一流ホテルや百貨店においては、「たとえ紙一枚でもお客さまに持たせたままにしてはいけない、手をわずらわせてはならない」という考えのもと、お客さまが名刺をお持ちになったら、先に頂戴するというマナーを徹底しているところもあります。

どちらにしろ、どの動作も両手で行なうことが大切なのは同じです。

名刺を渡すときには、名刺入れから名刺を出し、「○○の□□□と申します」と名乗り、先方に両手で名刺を差し出します。一方、名刺を受け取るときには、「頂戴いたします」と応え、両手で受け取ります。

片手での同時交換が一般的になっている現在だからこそ、両手で渡し、両手で受け取るという基本を徹底させることで、相手はあなたに一目置くでしょう。

常に両手で――。

その心がけが、あなたの品格を高めることは間違いありません。

カバンに常備しておきたい物

現金を渡すときは「封筒」に入れて

お金の扱いには、その人らしさが垣間見えます。**現金のやりとりひとつに、ちょっとした気遣いがあるだけで、奥ゆかしい品のよさを印象づけられる**のです。

たとえば、同僚に立て替えてもらっていたお金を返すときに、現金をそのまま渡すのではなく、封筒や、渡す相手によっては、絵柄の入った多目的封筒などに入れて返したほうが、相手も気持ちよく受け取れるでしょう。もちろん、「ありがとうございました。助かりました」とお礼の言葉を添えるのも忘れてはいけません。

あるいは、なんらかの会費を集めているとき、現金で渡すより、封筒に入れて「こちらでお願いします」と渡したほうがスマートですし、何より上品です。こういった心遣いが見られると、「とても丁寧で、しっかりしている、奥ゆかしい人だな」と、相手は好印象を持ちます。

　そもそも、人前で現金のやりとりをするのは決して品のいい行動とは言えません。最近は100円ショップにも、用途に合わせた封筒やポチ袋が充実していますから、オフィスのデスクの引き出しやカバンの中に1セット、準備しておくと役に立ちます。

　もちろん、突然の食事会で「割り勘にしよう」となったときは、そんな準備はできませんが、**お財布の中にあるお札の中から、できるだけきれいなものを選んで出すくらいの気遣いはほしい**ものです。クシャクシャのお札をそのまま無造作に出しては、奥ゆかしさどころか、がさつなイメージさえ持たれかねません。

　ちなみに、男性の中には、お財布を持たず、ズボンやスーツのポケットに現金をそのままで入れている人もいますが、だらしないイメージとともに、金銭感覚を疑われる可能性もあります。お金はお財布にきちんと入れておきたいものです。

　貴重なお金だからこそ、扱いは慎重にしましょう。

　特に人前で受け渡しをする際は、最低限の心配りをすることが、その人の品性を高めることにつながります。

ネイルアートについて

「指先」まで神経を行き届かせる

おしゃれのひとつとして爪を気にかける人は少なくありませんが、実は紀元前3000〜4000年頃の古代エジプトには、すでに爪に着色する文化があったそうです。

特に女性には、爪をきれいに見せたいという根本的な欲望があるのかもしれません。見方を変えれば、**指先はそれほど人の目を引く部分であり、それをきれいにしておくことが、豊かさや権力の象徴だった**のかもしれません。

また、指先は鏡を見なくても視界に入る自分の一部分です。気分が落ち込んでいるときでも、きれいにしてある爪を見るだけでテンションが上がったりします。

今ではさまざまなネイルアートを楽しめるようになっていますが、品よく見せるためには、気の向くままに楽しめばいいというものではありません。プライベートな時間ならそれでもかまいませんが、ビジネスパーソンとして働いているときは、配慮が必要です。たとえば、病院で働く人や飲食を扱う仕事をしている人は、爪はきちんと切って清潔さを保たなければなりません。マニキュアをする場合にも、淡い色のものに限ります。

一方、ブライダル業界や美容業界で働く人は、センスのよさをアピールするチャンスでもありますから、ネイルアートを施すことが必須になっている職場さえあります。それでも、あまりに奇抜すぎるデザインのネイルはかえってマイナス効果です。

メイクの専門家の中には、「女性がマニキュアをしないのは、すっぴんでいるのと一緒。マニキュアは最低限のマナーです」と言う人もいます。

マニキュアやネイルアートを必ずしなければならない、というのは行きすぎかと思いますが、**指先が周りの人の目にも入りやすいのは確か**です。

ネイルアートを施すのであれば、周りの人に違和感を抱かれないように派手すぎるものは避けること。そして、ネイルアートを施さなくても、不快感を与えないようにきれいに手入れをしておくことが必要ではないでしょうか。

指先にまで神経を行き届かせてこそ、あなたの評価を高めることができるのです。

足元への気配りを

靴には「その人らしさ」が見えている

「履いている靴は、その人の人格そのものを表す」
「靴のきれいさは心の反映だ」

と言われます。たしかに、それなりの立場にある人や、人格者と呼ばれる人は、足元に気を遣っているように思います。また、**あなたの周りの人たちが、思っている以上にあなたの足元を見ているのは間違いありません。**日頃から靴の手入れに気を遣う習慣を身につけておきたいものです。

およそ身につけるものの中で、靴は最も使用頻度が高く、最も汚れやすいアイテムでしょう。泥だらけでボロボロの靴を履いている人は、たとえ高級ブランドの服を着ていても、それだけでひどく貧相に見えてしまいます。

一方、足元まできちんとしている人は、メイクや髪型にも手入れが行き届いている女性であったり、常に紳士的な服装をしている男性であったりするものです。出かける前に、これから履く靴にまで気を配る習慣を身につけているのでしょう。

なにも高価なブランドの靴を履く必要はありません。大事なのは、きちんと手入れをしているかどうか。どんなに高価な靴を履いていても、その靴に汚れがあり、くたびれた状態で、ろくに手入れがされていないとわかれば、ひと目見ただけで、

「この人は身だしなみにいい加減で、細かい気遣いのできない人だ」

と思われてしまいます。実際、自分が身につけるものの扱いが雑な人は、周りにいる人たちへの対応も、仕事のしかたも雑になりがちです。

あなたの靴に、あなたらしさが見えています。もし汚れていて、くたびれた様子なら、とりあえずは靴磨きセットを購入しましょう。出かける前に、靴の手入れをする習慣をはじめてほしいと思います。

「靴が幸せになれる場所へ連れて行ってくれる。だから女の子は素敵な靴を履くと幸せが訪れる」

これはヨーロッパの言い伝えです。足元に気を配ることがいかに大切かを教えてくれる、素敵な言葉ですね。

「小物」は意外と見られている

一週間に一度、財布をメンテナンスする

靴もさることながら、持ち物にも気を配りたいものです。バッグ、お財布、名刺入れなど、あまりにくたびれた物を持っていると、品のよさは感じられません。

たとえば、ボロボロの名刺入れから出された名刺を、ありがたいと感じて受け取る人はまずいないでしょう。渡された名刺に価値がないように感じられ、その人自身を軽視してしまう気持ちが湧いてくるのもしかたがないことです。

同様にバッグなども、あまりにもくたびれた物を使い続けるのは、避けたいものです。

特にビジネスシーンにおいて、破れていたり、汚れていたりするバッグを使っていることは、相手にいい印象を与える結果にはつながらないでしょう。

むしろ、物を大切に扱えないだらしない人に見えますし、物事に対して無頓着な人

にも思えて、「無神経で信用できないな」と感じるのが人間の性です。

もちろん、古くてもしっかり手入れの行き届いたバッグは、好印象を与えます。

「物を大切にする人なんだな。そんな人なら人間関係もしっかりしているだろうし、安心して付き合ってもいいかな」

と感じるものです。

より身近な物としては、お財布もそうです。最近は、カード類を複数持つ人も多く、大ぶりのお財布を使っている人もいますが、小銭やカードでパンパンにふくれ上がらせている人が目立ちます。さらに、レシートやさまざまなサービス券も入ってくるので、必要なカード1枚を探し出すのもひと苦労です。ふくらんだ財布も、それを探る様子もカッコいいものではありませんし、決して品のいいものではありません。

お財布なんて人に見られるものでもないし……なんて思っているかもしれませんが、周りの人は意外とチェックしています。

せめて1週間に一度は、お財布の手入れをして、ついでに中身も整理して、人に見られても恥ずかしくないように整えておきたいものです。

ワンランク上の「香りのマナー」

自分のニオイも装いのひとつです

ニオイも装いのひとつ。品のいい人は、ニオイにも心を配ります。しかし、**自分自身の身だしなみの中で、一番気がつきにくいのは、自分の発しているニオイ**なのです。

特に男性の中には、自分の体臭にまったく気を配らない人もいます。日本人は体臭に敏感で、気にする傾向が強いので、注意してほしいと思います。

体臭の最大の原因は、汗をかいたまま放置することです。気温の高いときや運動をしたとき、エクリン腺という汗腺から汗が排出されます。その気化熱によって皮膚表面の温度を下げ、体内の熱を発散させて、体温の上昇を防ぐのです。

このエクリン腺から分泌される汗はほとんどが水分で、汗自体が臭うことはありません。しかし、汗を放置しているうちに、皮膚に棲みついている常在菌によって分解が進み、臭いの元となるガスを発生させます。

二日も三日もおふろに入らないのは論外ですが、汗をかいたときには、すぐに拭き取るぐらいの心がけは必要です。

臭いといえば、口臭やワキガ、加齢臭などがよく問題にされますが、自分の臭いにはなかなか気づかないものです。もし、家族や親しい人から指摘されたときには、気を悪くしたりせず、専門医に診てもらったほうが無難かもしれません。

ところで最近、体臭を気にするあまり、やたらと香りの強い香水をつけている人がいます。ココ・シャネルは「香水をつけない女性に未来はない」と言ったそうですが、それも程度の問題！

先日乗った電車で、駅で降りていったある女性を見送りながら、女子高校生たちがこんな会話をしていました。

「さっき降りていった人の香水、臭かったよね」

「うん、すっごい下品な臭いだった。あれ、スメハラ（スメルハラスメント）だよね」

何事もほどほどが大切です。

夏場の暑い日、スッと出した扇子《せんす》から漂ってくる白檀《びゃくだん》の香り……。このように上品さのある香りで、さりげなく自分を演出したいものですね。

男性が嫌がる女性のしぐさ

食事中、無意識に髪を触っていませんか？

とあるアンケートで、「男性が嫌がる女性の食事中のしぐさベスト5」の中に、**「髪の毛を触る」**という項目が挙げられていました。

「髪は女の命」とも言います。メイクや服装と同様、髪に対する女性の意識は高いものです。髪型を気にするあまり、ついつい髪を触ってしまう女性が少なくないのでしょう。

もちろん、上品さを醸し出すためにも、髪の手入れは欠かせません。まったく手入れをしていない、伸び放題のボサボサの髪では、品があるとは言えないでしょう。

きちんとクシを通したか、寝癖はないか、フケは目につかないか、ボサボサのままになっていないか。それらは上品さ以前に、「あの人には近寄りたくない」と思われないための最低限の身だしなみです。どんなに忙しいときも、髪の手入れは心がけておくべきでしょう。

また、最近ではさまざまな色合いのヘアカラーが登場し、自分に合った髪色を楽しむ人が増えています。働く女性の77％は、ヘアカラーをしているという統計もあります（日本石鹸洗剤工業会）。

ヘアカラーは、個性を演出するための必須アイテムになっているようです。

新しいおしゃれのひとつとして楽しむのはいいのですが、その上で品のよさを意識するのであれば、あまりにも個性的な、言葉を換えて言えば「どぎつい色」は避けたほうが賢明だと思います。

こうして、自分の髪をとても気にする女性たちは、ついつい髪をかき上げたり、髪の毛をいじってしまったりするようです。本人は無意識にやっていることですが、周りにはその様子を不快に感じる人が少なからずいます。その結果が、最初のアンケートにつながってしまったわけです。

そもそも、**食事中にむやみに自分の髪の毛に触れるのは、エチケットに反します。**また不潔に感じられてしまい、嫌がる人は多いのです。

アンケートでも、女性が髪の毛を触る行為を不快に思う理由として、

「いかにも退屈そうに見える」

「清潔感に欠ける」

という指摘が挙がっていました。

どんなに手入れされた髪であっても、きちんと整えられた髪型をしていても、むやみにそれに触れていると、品のよさは半減してしまいます。

ロングヘアの人はもちろん、ショートヘアでもかがむとサイドから髪がたれてきてしまうような髪型の人は、動くたびに乱れが気になって髪に触れてしまいがちです。

特に仕事中や食事中には、髪を結わえておいたり、動かないようにピンで固定しておくなど、心がけておきましょう。

ほんの少しの気遣いが、あなたの品のよさをさらに引き立ててくれるはずです。

ささやかな工夫を楽しむ

おしゃれな人は、〝季節感〟をちょっと先取りする

あの人は、いつ見ても品のいい装いをしているな。

なんだかいきいきと毎日を送っているな。

そう感じられる人に共通しているのは、**生活の中に「季節感」が取り入れられていること**です。

ブライダルの現場でも、会場に飾る花などで季節感を演出するのは、とても重要なポイントになっています。それが人の気持ちに大きく影響するからです。

日々の生活に季節感を取り入れるためにおすすめなのは、「衣替え」。

そもそも衣替えの風習は中国から伝わったものとされ、平安時代の中期頃、宮中ではじまったと言われます。当時は「更衣《こうい》」と言い、旧暦の4月1日と10月1日の2回、行なわれていました。4月は冬装束から夏装束へ、10月は夏装束から冬装束へと着る

ものを替えたのです。

その慣習は明治維新後、新暦が採用されるに伴って変更されました。夏服の着用は6月1日~9月30日、冬服は10月1日~5月31日と定められたのです。学校や官公庁、制服のある会社などは、現在もこの日をめどに衣替えを行なっています(九州・沖縄地方と北海道地方では1か月ほど前後します)。

さらにプライベートでは、春物、秋物を着る時期もありますから、私たちは春夏秋冬に合わせたファッションを楽しめるわけです。

しかし最近では、空調設備の完備が進んだせいか、衣替えを意識する人はずいぶん減ったそうです。特に若い人には、まったく無頓着な人もいるようです。

それはもったいないように思います。衣替えとは、何も袖が長いか短いか、生地が薄いか厚いか、といった単純なことばかりではないのです。

四季折々にふさわしい柄や仕立てによって、季節感を演出することも、衣替えのひとつの醍醐味でしょう。

四季に恵まれた日本に暮らす、私たちならではの楽しみ方ができるのです。

季節感をちょっと先取りして、装うものの柄や仕立てに、ささやかなこだわりと工夫を楽しむ……。品のよさは、そうしたところから生まれてきます。

人は生活がマンネリ化してくると、日増しに気分が萎《な》えて、何を見てもやる気が湧かない「気凋《けが》れ」の状態になると聞いたことがあります。

私たちの多くは、忙しくも単調な日々を送っているものです。だからこそ、衣替えの季節くらいは、意識をしてみましょう。装いを変えることで、季節の変化を肌で感じてみましょう。周りの人にも、新しい季節の到来を気づかせてあげましょう。

そうすることで、あなた自身も元気になれますし、周囲の人からも一目置かれるようになるはずです。

色気を出すのも慎重に

安っぽい露出は、やめましょう

やたらと露出の多いファッションを好む女性は安っぽく見られがちです。

ただ、不思議なことに、外国の女性が大きく胸元の開いた服を着ているのを見てもそれほど違和感を抱かないのに、日本人女性が同じような服装をしていると、まるで下心があってそうしているように感じてしまう日本人男性が多いようです。

そこには東洋と西洋の文化的な違いもあるのでしょう。

もし、日本で女性がチューブトップにミニスカートという服装で会社へ行けば、顰《ひん》蹙《しゅく》を買うのは目に見えています。本人にはそんな気持ちはさらさらなくても、周囲から「そんな格好して男性の目を意識しているの?」と、ヘンに勘繰られてしまうでしょう。

ちなみに、服装によって相手にどんな印象を抱くかを調べたところ、男女ともに、

「露出が多い服装をしている人は遊び相手」

「露出が少ない服装をしている人は結婚相手」

という結果が出た心理実験があったそうです。やたらと露出の多い服を着るのは、なるべく避けたほうがいいかもしれません。

もちろん、**プライベートなシーンで、ちょっと大胆なファッションを楽しむのもいいでしょうが、やはりTPOはわきまえておくべき**です。

実際、外国人女性でも、ある程度社会的地位のある人が、露出度の高い服装をしているのはあまり見かけませんし、ビジネスシーンでは露出度の低い服装をしています。私的なパーティーでは大胆でセクシーなファッションを楽しんでも、きちんとすべきところはきちんとする。そういう切り替えができているのです。

たとえば、ブラウスやシャツのボタンを一つ開けていたら素敵だけれど、二つ開けると少しセクシーすぎてしまう……。

少しの加減で印象は変わります。品のよさを失わない、ちょうどよい加減を身につけておきたいものです。

ホテル業界の「挨拶の基本」

語先後礼――美しい挨拶のしかた

品位を保つには「挨拶」も大切です。

ホテル業界には「語《ご》先《せん》後《ご》礼《れい》」という言葉があります。

まず立ち止まって、挨拶の言葉を発したのちに、礼の動作をしなさい。〝おはようございます〟〝よろしくお願いします〟〝いらっしゃいませ〟と、はっきりと言葉を発したあとに、頭を下げなさい。そういう意味です。

また、この順番は逆になってもいいのです。立ち止まって、一礼をしたあとに〝おはようございます〟〝よろしくお願いします〟と言葉を発してもかまいません。

大切なのは、挨拶と礼の動作を同時にやってはいけないということ。「分離礼」とも呼ばれるこうした挨拶のしかたを、ホテル業界に入ると徹底して教えられます。

これは、「ながら動作」をしないという意味で、「歩きながら挨拶をしない」という基本中の基本につながります。

お客さまとすれ違うとき、あるいはすれ違いそうになったときには、お客さまの姿が見えたら、必ず足を止めてお辞儀をします。そうすると、お客さまも丁寧に応対された気がしますし、好印象を抱いてくださいます。「立ち止まり礼」と言いますが、これもホテル業界で働く人にとっては当然のマナーです。

こうしたマナーが求められるのはホテル業界に限りませんし、一度身につけてしまえば、自然にできるようになるものです。周りからは「この人はちゃんとしているね」「立ち居振る舞いが美しい」と評価してもらえ、それが信頼を得ることにつながります。

特に若い人は、間違っても、歩きながら片手を挙げて「こんちゃーす！」なんてやらないこと。それが通用するのは、仲のいい友人との間だけであることを、肝に銘じてほしいと思います。

学生時代の癖が抜けず、社会人になってもそんな挨拶をしていたら、たちまち「礼儀知らずで下品な人」という評価をされてしまうでしょう。

デューク更家直伝「品のいい歩き方」

背筋をピンと――姿勢のよさは百難隠す

姿勢のよさは百難隠すと言います。

背中をいつも丸めている人はなんとなく貧相に見えるのに対し、背筋がピンと伸びている人は、さっそうとした気持ちのいい人に見えます。また、姿勢がいいと実際より大きく見えますし、健康的で自信と品にあふれているように感じられます。

余談ですが、立ち姿がきれいで、歩く姿も優雅な女性に、

「バレエか、日本舞踊の経験がおありですか？」

と尋ねると、たいてい「よくおわかりですね」というお返事が返ってきます。そういう方たちからは、凛とした気品を感じるのです。品のよさを身につけるのに、クラシックバレエや日本舞踊を学ぶのは適しているのかもしれません。

姿勢のいい人の前に立つと、「私もちゃんとしなきゃ」という気持ちになるもので

す。大げさかもしれませんが、姿勢のいい人の放つ、威厳というか、厳かさのようなものに影響されるのかもしれません。

つまり、**立ち姿、歩く姿が美しい人は、それだけでワンランク上に見られる**ということです。立つときも、歩くときも、背筋を伸ばすことを意識してほしいと思います。

意識するといっても難しい、という人のために、ちょっとしたコツをお教えしましょう。たとえば、信号待ちをしているとき、片方の手を背中に回し、もう一方の腕の肘の部分を後ろに引っ張る動作をしてみてください。これだけで、背筋が伸び、姿勢がよくなります。

実はこの方法、ウォーキングトレーナーのデューク更家《さらいえ》さん直伝のやり方です。

こうすると自然と胸が開いて、歩き出したときに、前の膝がちゃんと伸びた状態で着地するようになります。それが、まさに「いい歩き方」なのだそうです。

また、一流ホテルのホテルマンは、新人の頃から、立ち方や歩き方を厳しく訓練されます。見る人が見れば、立ち姿だけでホテルマンかどうか見分けがつくほどの違いがあります。「姿勢のよさ」のお手本にはうってつけです。

ホテルに行かれる機会があったら、ぜひ観察してみてください。

目線を上げよう

「花嫁」に学ぶ、品のいい歩き方

前項で、「姿勢がいいだけで、なぜ品よく見えるのか」について書きましたが、やはり、姿勢よくさっそうと歩く人は自信に満ちていて、「きっとあの人は生き方もスマートなんだろうな」と感じられます。

逆に、下を向いてトボトボと歩いている人は、不安げで貧相に見えてしまい、「なんとなく信用できないし、仕事も任せたくないな」と思われてしまいます。

胸を張って堂々と歩くことは、自分の品格をより高く見せるための、意外に大きなポイントなのです。

考えてみると、気が滅入っているときほど、なぜかうつむいてトボトボ歩きがちです。でも、今ひとつ気分が盛り上がらないとき、意識して顔を上げ、背筋を伸ばしてみると、不思議と気分が変わることがあります。

形から入ることも大切なのです。

結婚式でウェディングドレスを着た花嫁さまは、着慣れていないせいもあって、足元を気にするあまり、たいてい下向きの姿勢になりがちです。アテンドスタッフが助言しないと、バージンロードを歩くときにも下を向いて歩いてしまい、せっかくのウェディングドレス姿も映えません。

ですから、「視線を真っすぐに」とか、「目線は十字架に」とひと言添えてさしあげるのです。**ちょっと顔を上げて、視線を前に向けるだけで、歩く姿が見違えるほどきれいになります。表情も、とたんに晴れやかになります。**

歩くときは、目線を上げる。ただし、あごが上がらないように気をつけましょう。歩幅はふだんより小さくして、ゆっくり歩きます。ブーケはおへその前あたりで持つと美しく見えます。重心は後ろに置くことを心がけます。意識しないと前のめりの歩き方になりやすいので、自分で思うよりもかなり後ろに重心をもっていくようにするのです。

花嫁の歩き方ワンポイントアドバイスでした。ふだん、品よく歩くためにも応用できるので、ぜひ実践してみてください。

自然体こそ美しい

ふたりの大女優に学ぶ「本当の美しさ」

最近、「美魔女」というワードを目にするようになりました。「美魔女」とは、光文社が発行するファッション雑誌『美ST』による造語で、35歳以上で〝魔法をかけているかのように美しい〟才色兼備な女性のことを指すそうです。

たしかに、年を重ねてもうらやましいほどきれいな人、かわいらしい人がどんどん増えています。私もあやかりたいところですが、なかなかそうもいかず、年相応に生きていくしかないと覚悟を決めています（笑）。

それはさておき、**美魔女を目指すあまり無理に若作りをして、かえって本来の美しさを損ねている人がいる**ことは残念です。

たとえば、つけまつげは以前からある美容アイテムですが、流行を取り入れすぎて、違和感が生じている人も見かけます。口元も、流行りとはいえリップグロスを塗りたくり、品のよさ、かわいらしさというよりは、無理している感じが満載な人を見かけることも……。まさに〝過ぎたるは猶及ばざるが如し〟です。

あまり無理をしないでオーソドックスさを保ちつつ、ワンポイントとして流行を取り入れるにとどめたほうが、自然な感じで品のある雰囲気を演出できます。


女性の場合、日本人は〝かわいい〟という点に重きを置きがちなように思います。対して欧米の女性は〝少しでも早く大人になりたい〟という気持ちが強いそうです。

たとえば、フランス女性は、若さより経験を積んだ素敵な大人の女性になることに重きを置いているといいます。だからパリジェンヌは幼い頃から、どんなスタイルが自分に一番似合うかを考え、親たちもそれを教えるそうです。

一方、日本女性は〝実年齢より若く見せよう〟〝かわいらしく見せよう〟という気持ちが強いように思います。

文化の違いといってしまえばそれまでですが、できることなら私たちも、**周囲の流行に振り回されず、自分をしっかり持って、本当に自分に合ったおしゃれを見つける努力をする**という意識に変わっていきたいものです。

女優の吉永小百合さんは、常に自然体で、年を重ねるほど美しくなっています。しかし、お化粧はいつも落ち着いていますし、スポーツがお好きだという話も耳にしました。ですから、

「吉永さんは、内面の美しさをお持ちなので、いわゆる外見の美にはあまり頓着していないのかもしれない」

と、私は思っていました。しかし、それは勘違いでした。

吉永さんが『徹子の部屋』に出演されたとき、黒柳徹子さんから、「あら、あなた。お変わりないわね」と声をかけられると、

「それはそうです。女優という仕事をしている以上、見られなくなったらおしまいだと、自分にいつも言い聞かせています」

とお答えになりました。つまり、「人の前に立つことを考えて、美しさに対しては最大限に気を遣っている」と言い切ったのです。

吉永さんは、**本当に自分に合った美しさ、自分の年齢や積み重ねてきた経験に合った美しさを知っているからこそ、あんなふうに知的で、若々しくいられる**のだと、私は気づかされたのです。

自分らしさを知っているから、知的で、若々しく、美しくいられる——。

そういう意味では、亡くなられた樹木希林さんにも、通じるところがあったのではないかと思います。自分らしさを知っているからこそ、本当の強さをお持ちでした。心のしなやかさが彼女の言葉の端々に表れていましたし、それが樹木さんの品のよさにもつながっていたのではないでしょうか。

決して見栄を張らず、いつも自然体。お化粧もナチュラル。着る服も自分で仕立て直して大切に着る——。その姿が本当に素敵でしたし、樹木さんらしい品格を醸し出していたような気がします。

自分らしさを知り、自分らしく生きる。

品のよさを培うために、まずは等身大の自分を知ることからはじめてみるのも、いい方法かもしれませんね。

第3章

品がいい人の こんな「習慣」、こんな「性格」

だからこの人は、感じがいい

好感を持たれる人の「ひと言添える」習慣

先日、仕事で朝早く電車に乗ったときに起きた素敵な出来事について、書いておきましょう。その日、私は女性専用車両の座席に座って本を読んでいたのですが、私の斜め前に、私よりちょっと若いくらいの女性が立っていました。

何駅か過ぎたときのことです。私の隣の席が空きました。その女性の目の前の席です。私は当然、彼女が座るだろうと思いました。

ところがその女性は、少し先に立っていた女子高校生に「どうぞ」と声をかけ、身振りで空いた席に座るように促したのです。

実はその女子高校生は立ったまま、一生懸命、参考書を読んでいました。テストが近かったのかもしれません。女性は女子高校生に「お勉強していらっしゃるから」と言って、席に座るように促したのです。

私は、女子高校生がどうするのかなと思って、そっと見ていました。高校生は「いえ、いえ、いえ、ありがとうございます」とお礼をきちんと口にしながら、どうぞという身振りをして、その女性に席に座わるように促しました。

結局、女性が空いた席に座ったのですが、そのわずか数十秒ほどのやりとりを見ていて、とてもすがすがしい気持ちになりました。女子高校生の受け答えがとても気持ちのいいものだったのに加え、その女性がものすごく感じのいい方だったからです。とても余裕があり、そこはかとなく気品の漂う人でした。

もしかしたらこの方には、女子高校生と同じくらいのお嬢さんがいるのかしら。声をおかけしようかしら。

そう思いつつも、勇気が出せないまま私は本を読み続けました。そのとき私は、素敵な光景に出合えたことで、思わずニコッとしていたのだろうと思います。

それから20分ほどして、隣に座っていたその彼女が席を立ちました。「この駅で降りられるのね」と思いながらふと顔を上げると、その女性が私に声をかけてきたのです。

「あの、今日も一日頑張りましょうね」と……。

それまでの間、私は本を読んでいましたし、彼女は手帳を見たりしていました。でも、彼女はおそらく、私がふたりのやりとりを見ていたこと、そしてついつい笑顔を浮かべたことに気がついていたのでしょう。お互いになんとなく感じるものがあって、彼女もさりげなく、私のことを観察していたのです。

声をかけられた私は、もちろん、すかさず「ええ、頑張りましょう」と答えました。その短い会話に、私の心はどれほど満たされたことでしょう。

「声をかけてもらってよかった！　私も一日頑張れるわ」

と、とてもうれしくなりました。時間が許せば、そうひと言添えたいところでした。

それにしても、本当に素敵な人でした。お顔立ちもおきれいで、醸し出している雰囲気に品があって、心の余裕を感じましたし、「とても愛されている人なんだろうな」と思いました。

ひと言、声をかける。それは簡単なことではありません。でも、そのひと言があるだけで、人間関係がよりよいものになったり、その場の雰囲気がいい方向へと変わっていったりすることはよくあります。

たとえば、四六時中、不機嫌そうにしている人に、あえて声をかける人はいないはず。しかし、仕事での関わりなどがあれば、避けてばかりもいられません。ならばこちらから、「ひと言かける」「ひと言添える」努力をするしかないでしょう。

仕事を頼むとき、

「これ、お願いします。急ぎませんので」

と、最後にひと言添えれば、その人を思いやっている気持ちが伝わるかもしれませんね。また、若い人が仕事に追われていっぱいいっぱいになっているときは、

「大丈夫？」

と、笑顔でひと言かけましょう。硬い表情がいくらかやわらぎ、「ありがとうございます」と返事が返ってくるかもしれません。あるいは相手が弱音をこぼしたり、相談を持ちかけられたりするかもしれません。

そうして心が通い合うことで、お互いの心に余裕が生まれてきます。

相手を思いやるひと言は、自分自身の心にゆとりがなければ出てこないものです。そして、かけたひと言に対して、返ってきた相手のひと言は、あなたにさらなる余裕を与えてくれることがあります。

「ひと言かける」「ひと言添える」習慣は、自分が成長するためにも必要なのです。

いかに相手を立てるか

「この人のいいところは、どこだろう?」

私たちが社会生活を営む上で、忘れてはならないことのひとつが、「相手を立てる」という気遣いです。

人間はひとりでは生きていけませんから、周囲の人とどんな関係を築くかで人生は大きく変わります。そして、**人に好かれ、周囲と良好な関係をつくっていくためには、「いかに相手を立てるか」が大きなポイントとなる**のです。

そもそも「相手を立てる」とは、〈人を自分より上位に置いて尊重する。また、自分は退いて人の面目を立てる〉(デジタル大辞泉)ということであり、〝相手に敬意を払う姿勢を示すこと〟と言い換えてもいいでしょう。

しかしなかには、相手に対して卑屈になったり、へりくだったりすることが「相手を立てる」ことだと勘違いして、「そんなこと、絶対にしたくない」と思っている人もいるようです。たしかに前述したとおり、必要以上にへりくだるのは、自らを貶《おとし》めることになるので避けるべきです。

ですが、**「相手を立てる」という姿勢は、決して「下手《したて》に出る」ということではありません。**また、自分の品位を保ち、人に好かれるためには、おおいに役立ちますから、ぜひ、そのノウハウを身につけてほしいと思います。

まず、「相手を立てる」ことが大きな効果を発揮するのは、相手より自分のほうが上位に立っている場合です。

たとえば、部下にはついつい上から目線で接しがちですが、それを繰り返していると反感を買うでしょうし、部下のやる気を削いでしまい、いい結果にはなりません。

それよりも、部下の能力を認めて、ある程度はまかせたほうが、いい結果が生まれます。もちろん、部下の力量を見極めた上でフォローする必要はあります。

それを踏まえた上で、みんなの前で「君ならやれる！」と声をかければ、本人もやる気になりますし、周囲もその人を認めるようになり、プロジェクトの進行もスムーズになります。

これが「相手を立てる」ということであり、同時に上司としての自分の力量を示すことにもなるのです。

逆に相手が自分より上位にある場合も、「相手を立てる」ことが大切なのは言うまでもありません。

「相手を立てる」ことは「相手に敬意を払う」ことだと前述しましたが、部下から敬意のない言動をされて気分を害さない人はいないでしょう。表面上は受け流しているように見えても、心の底では「道理をわかっていないヤツだ」と思うのが人間です。

つまり、**相手が自分より上位にある場合は、その人を立てる姿勢を取ることを基本にすべき**なのです。

特に上位にある人が、プライドの高い人である場合はなおさらです。

この手のタイプは「なんでも言いたいことを言っていいよ」と口では言うのですが、それを真に受けて対等な立場で接してしまうと、心の中で「自分をバカにしているのか！」「調子に乗っているな」と憤慨しているかもしれないからです。

ところで、「相手を立てる」といっても、具体的にどうすればいいのでしょうか。

上手に相手を立てるために必要なのは、相手のいいところを見つけることです。

大仰《おおぎょう》に考えることはありません。その人のパーソナリティー自体にほめるところが見つからなければ、些細なことでいいのです。

たとえば、服装をほめるとか、持ち物をほめるとか、出身校をほめるとか、笑顔をほめるとか……。大事なのは、言葉に出してほめることです。どんな人でも、自分のことをほめ、立ててくれる人を前にすれば、笑顔になります。

私も結婚披露宴の司会をしながら、緊張している新郎新婦の気持ちをほぐすために、「いい環境でお育ちになったんですね」「そのドレス、本当にお似合いですね」などとほめ言葉をかけることがあります。

新郎新婦の詳しい人柄まではわからなくても、いいところを見つけてほめることはできます。ほめられれば相手は心を開いてくれますし、緊張を解きほぐすこともできるのです。

「この人のいいところはどこだろう?」

人に出会ったら、まずはそんな視点で相手を見つめる習慣をつけましょう。品のいい人は、相手のいいところを見つけ、上手にほめる人なのです。

人を笑顔に導く法

ほめ上手な人は愛される

相手といい関係を築くために、こちらから積極的に働きかけることが必要な場合もあります。そういうとき、〝ほめて、相手を乗せる〟のもひとつの手段です。

私が講師として学生たちと接するとき、彼らにはふたつのタイプがあると感じます。ひとつは、ふだんからいろいろと話しかけてくる学生たちで、こちらから働きかけなくてもある程度はコミュニケーションが取れますから、さほど心配はいりません。

問題なのは、何も言わない、声を発しない学生たちです。なかには、大きな悩みごとがあるにもかかわらず、誰にも相談できず、ひとりで悶々としている場合もあります。

そんな〝SOSが出せない学生〟を見つけたら、こちらから声をかけることを私は心がけてきました。

声をかけるときは、なんでもいいから、その人のいいところを見つけて、ほめるの

です。ときには、オーバーアクションすぎるくらいに「すごいね」と、みんなの前でほめたたえます。もし、就職活動中の学生が、二次試験に落ちて意気消沈していたら、「なかなかあそこの会社、通らないよ。一次を突破しただけでもすごいよ。今まで一次を突破した人、見たことないよ」

などとほめます。その言葉がすぐに効果を出すわけではありませんが、根気強く何度か繰り返すうちに、学生は心を開いてくれます。周囲もほめられる様子を見て、その学生を認めるようになります。そうしたことの繰り返しが、学生が自信を持ち、自分を再発見して、成長していくことにつながっていきます。

この図式は、社会人にも当てはめられます。

言葉は悪いかもしれませんが、**ほめて、相手を乗せることで、その人の気持ちをプラスに持っていき、前向きに生きる力を培っていく**のです。

そういう意味で私は、相手の持っている潜在能力を信じ、上手に乗せてあげることも、前項の「相手を立てる」ことにつながっていると思っています。

そして、**周りの人を明るい方向、前向きな方向へと導いていける人が、愛されないわけはない**のです。

「いい出会い」のつくり方

第一印象をよくする、たった一つのコツ

初対面の人と会うのを苦手とする人は、かなりの数にのぼります。緊張して何を話していいのかわからないし、面倒くさいと言うのです。

しかし、すべての人とのつながりは初対面からはじまります。そこから逃げていては、いい出会いも生まれませんし、人脈をつくることもできず、自分の人生の幅を狭めてしまうばかりです。

そもそも初対面だからと堅苦しく構えるから、「なんとなく嫌だなぁ」ということになるのです。

初対面では「感じよく」という点だけを心がければ十分だと思います。

たとえば、結婚式の打ち合わせで親御さまと会うときには、「ご立派なご子息で」とか「お嬢さまはお美しくて」が鉄板フレーズです。そう言われて、嫌な気持ちにな

る親御さまはいないからです。「まあ、そんなことないわよ」と謙遜しながらも、心の中では「そうなのよねぇ。この人わかっているわね」と思うのです。

初対面ではとにかく第一印象が大切です。そこで相手に、

「感じがいいわね」

と思ってもらえるかどうかで、それ以降のやりとりがスムーズにいくかどうかも決まります。

もちろん、最初は悪い印象だったけれど、話しているうちに「ああ、こんなにいい人だったんだ」と認識が変わっていくこともありますし、むしろそのほうがより緊密な関係を築けるという人もいます。

しかし、悪印象を好転させるには、かなりの時間と機会が必要です。

要するに、そのあとに何度も、じっくり時間をかけて会う機会がつくれなければ、悪印象を覆せないまま、その人との関係は途絶えてしまうでしょう。なんとももったいない話です。

特にビジネス上の関係では、いつ次の機会があるかわかりません。だから、初対面

は〝感じよく〟して、次につなげていくべきなのです。

ただし、無理に自分をつくったり、相手に合わせようとしたりする必要はありません。

「格好よく見せよう」

「できる人だと思わせよう」

と演出しても、最終的には相手に見抜かれてしまうもので、結果的にマイナスになってしまいます。

どんな仮面をかぶっても、素は隠せません。それがわかっているから、品格のある人ほど、見栄を張らず、無理をせず、ありのままの自分で勝負するのです。

「過剰」は下品になる

気遣いも「引き際」が肝心

品よく見える人になるためには、気遣いが大切です。ただし、気遣いも過剰になるとかえって下品になることがあります。

たとえば、物言いがあまりに丁寧すぎると、言われたほうは次第に嫌味に感じられてきて、しまいには「バカにされているんじゃないか」と疑ってしまいます。

あるいは、食事を振る舞うにしても、「もうお腹いっぱいです」と言っているのに、「もうひと口だけ」などとしつこくすすめられては、誰でも辟易《へきえき》するでしょう。

そういう意味では、気遣いも程度の問題なのです。

同じくらい鼻につくのが、自分が気を遣っていることをアピールする人です。会食のときなど「あ、私がやりまーす」と高らかに宣言して、みんなの分を取り分ける人がいますが、これも程度の問題で、やりすぎるとかえって顰蹙を買います。

本当に気の利く人は、いつの間にか、それこそさりげなく取り分けてくれているものです。そのさりげなさが、その人を上品に見せます。

複数のスタッフで取り組んでいるような仕事でも、さりげなくすませておいて、「これ、誰がやってくれたの」と聞かれてはじめて「あ、やっておきました」と言う人もいれば、「誰もやっていなかったので、私、これやっておきました」と、いちいち上司にアピールする人もいます。

報告するという意味で「やっておきました」と伝えるだけならいいのですが、「誰もやっていなかったので」というひと言は余計です。「仕事をしていなかった」と言われたも同然の他のスタッフたちは、決して快くは思いません。どちらのほうが「品があるか」を考えれば、結果は明らかです。周りの人は、前者のように、さりげなく仕事をやってくれた人を高く評価します。

人に気を遣わせない気配りができる。

そういう人になってこそ、周りの人のあなたを見る目も自然と変わり、「あの人は品がある」と認めてもらえるようになるのです。

贈る心得

さりげないプレゼントの極意

家族同士や友人同士、あるいは恋人同士で贈り物をするなら、難しく考える必要はまったくありません。相手が気に入りそうな物や、おもしろい物を見つけて、「これをプレゼントしたら喜んでくれるかも！」とピンときたなら、それでOKです。

しかし、**ビジネス上のお付き合いで贈り物をする場合や、儀礼的な贈り物をするときには、よほど気をつけなければなりません。**

たとえば、お渡しするタイミングひとつとっても気遣いが必要です。

「あの会合でお会いするから、ついでに渡してしまおう」と安易に考えるのはいかがなものかと思います。

その会合が少人数で、本当に私的なものであればまだいいでしょう。しかし公式の場だったとすると、いきなり贈り物を差し出されたほうは迷惑に思うかもしれません。

多くの人の目がある中で、「どうぞ、受け取ってください」「いえいえ困ります」とやりとりするのも億劫です。

せっかくお世話になった人に、感謝の気持ちを込めて贈り物をしようと思うなら、お宅までお届けするか、少なくとも相手が気を遣う必要のない場を選ぶことです。

そして、**特別な相手に対しては、やはり直接お渡しするようにしたい**ものです。

私が子どもの頃、父が経営する会社のある社員の方は、何年もの間、お中元とお歳暮を毎回自宅に届けに来てくださいました。母は、その心遣いにたいそう感激し、「こうして自宅まで届けるのが、本来のお中元とお歳暮を贈るマナーなのよ。でも気持ちがなければ毎回毎回はなかなかできないことで、ありがたいことですよ」

と言っていたことを覚えています。

贈り物をする場合にこそ、その人の品性が問われるのかもしれません。

あくまでさりげなくスマートに贈るべきですし、贈られたほうが恐縮しないような状況に持っていくことがポイントです。つまり**贈り物をするときは、〝押しつけがましい渡し方ではなく、相手が受け取りやすい方法で〟**ということです。

贈る品の値段にしても、高価であればいいというものではありません。

もちろん、相手になんらかの損害を与えたことに対するお詫びの品である場合や、難しいことをお願いする場合などは、それにふさわしい金額の物を準備する必要があるでしょう。

しかし通常の贈り物の場合、**高価であることよりも、相手に気に入っていただける物、相手の心をくすぐるような物を贈ることが大切**です。そのためには、相手がどんな物に興味を持っているのか、何が好物なのか、ふだんから気を配って見ておくべきでしょう。

これからも親しくしていきたい人や、もっと親しくなりたい人に対しては、お誕生日など特別な日に限らず、「あなたが好きそうなお菓子を見つけたから」「あなたに似合いそうだったから」と、さりげなく贈ってはどうでしょうか。そのほうが品もありますし、その積み重ねがより深い関係につながるかもしれません。

また最近は、サプライズプレゼントが流行っていますが、これも相手や場所を選ぶことが大切です。機会を見つけて、メッセージフラワーや名前入りのワインなどをさりげなく贈るのもおしゃれですが、贈るときには相手の状況も考えるべきでしょう。

よく耳にするのが、「地元のおいしいものが手に入りました」と送ってくれたのはありがたいものの、あまりに大量で処理に困ったという話です。「贈ってくれた人の気持ちはわかるけど、捨てるに捨てられず、なんだか気持ちが重くなった」と言うのです。

保存の利くものならまだいいでしょうが、なまものだったりすると、もうたいへんです。

書をたしなむ人や絵心のある人、あるいは陶器を趣味にする人の中には、自分でつくった作品を贈る人もいますが、それもほどほどにしたほうがよさそうです。もらったほうとしては、飾る場所にも困りますし、かといって捨てるわけにもいかず、これまた扱いに困ります。

いずれにしても、**相手のことを考えに考え抜いて選んだ品物を、さりげなく贈ることが何より大切**です。間違っても押しつけがましくならないように、くれぐれも気をつけてください。

SNS時代の心構え

噂話好き、ゴシップ好き……こんな下世話な人

噂話が好きな人は多いものです。ゴシップネタも多く取り上げるテレビのワイドショーは、ネタによって視聴率が大きく変わるので、情報の争奪戦は熾烈を極めているそうです。

それだけ人は噂話が好きであり、刺激を求めているということなのでしょう。特に女性にその傾向が強いと言われます。実際、実生活においても、身の回りを飛び交っている噂話に女性はとても敏感です。しかしそれは、人間としての本能に根ざした行動だという話を聞いたことがあります。

人間は社会的な動物ですが、集団生活の中で他者とうまくやっていくためには、たえず情報交換をする必要があります。噂話は、その情報交換にうってつけのツールだというのです。さらに噂話をすることで、集団生活の中で生じるストレスも軽減され

ますし、会話を通して相手の本音を聞き出すこともできます。また、自分の立ち位置も確認できるなど、さまざまなメリットがあるというわけです。

男性より女性のほうが噂話に敏感なのは、会社を中心に生きていればいい男性に比べて、女性の人間関係は多様であり、情報をより細かく集めて対応していく必要があるからかもしれません。

もちろん私自身も、噂話がまったく気にならないわけではありませんし、情報源にもなりますから、噂話を完全にシャットアウトしているわけではありません。

たとえば、知り合いの誰かが入院したときなど、本人が遠慮して知らせないようにしていても、噂話の情報をもとに動く必要がある場合もあります。日常で、自分を取り囲んでいる人たちの状況を知るためにも、噂話にはある程度、耳を傾けておき、その中から必要な情報を取捨選択していく必要があるわけです。

しかし、他の人が噂話に夢中になっているのを見ると、なんとなく下世話で、品がない感じが拭えませんし、その中心にはいたくないというのが正直な気持ちです。

なぜなら、噂話のネタの多くが、興味本位のゴシップであったり、ときとして悪意に満ちたものであったりするからです。

そもそも、本来の「噂話」とは、「世間で言いふらされている話」というほどの意味で、いわゆる「ゴシップ」のように、スキャンダラスで悪意に満ちた話ばかりを意味していたわけではなかったといいます。

ところがテレビのワイドショーや週刊誌によって、いつの間にか「噂話＝ゴシップ」というイメージが世間に浸透し、さらにＳＮＳの登場で、個人情報の暴露といった負の側面が強くなってきたといわれています。

ちなみに「下世話」という言葉も、もともとは、下々の者が交わしている世間話というほどの意味だったのが、いつの間にか「下世話→低俗な話→ゴシップ」と受け取られるようになったのだそうです。

いずれにしても、「人の不幸は蜜の味」と言うように、ゴシップをあれこれ話すことで、「自分はあの人に比べれば幸せだわ」と思いたいのかもしれません。

たとえば芸能人同士が結婚したとき、誰かが「結婚してよかったわね」と言うと、他の誰かが「それがそうでもないらしいのよ」と言い出し、やがて否定的な方向に話が進みはじめてしまうことが多いのも、そのせいでしょうか。

結婚した本人たちにすれば、大きなお世話以外の何ものでもありません。

ゴシップに興じる人たちの「足を引っ張ってやろう」という悪意は、あくまで無意識のものでしょうが、一方で、噂することでなんらかの充足感を得ているはずです。

そして、周りにそうしたゴシップに不快感を抱く人がいるかもしれないということには、無頓着なのです。

噂話との付き合い方には、慎重さが求められます。ゴシップに夢中な姿に、品位を見出す人などいません。また、必要だと思われる情報であっても、それが人伝《ひとづ》てである限りは、信用できないものが含まれている可能性があります。

ですから、噂話を鵜呑みにしないこと。そして振り回されないことです。

間違っても、根拠のない噂話や悪口を、相手構わずあちこちで言いふらすような行為はやめましょう。そんなことを繰り返していると、余計なことに首を突っ込む下世話な人間だという印象が広まり、最後には自分の居場所もなくなってしまいかねないのです。

"人間性"はここに出る

裏表のない人には、必ず信頼が集まる

「裏表のない人」と言われたとき、あなたはどんな人を思い浮かべますか？

まずは**「正直な人」**が筆頭に挙げられるでしょう。

どんな人に対しても嘘偽りなく接する人は、みんなから信頼されますし、たとえ意見が対立することがあったとしても、その信頼が揺らぐことはありません。

また、**「見返りを求めない人」**も、裏表のない人とみなされます。

言葉を換えれば、損得勘定で動かない人です。ときとして「お人よし」だと揶揄《やゆ》されますし、自分の利益のためにうまく立ち回ろうとは思いませんから、損をすることも多いのです。しかし、他者にも自分にも正直ですから、やはりみんなからの信頼を得ることができます。

また、**「確固たる信念を持った人」**も、裏表のない人と言えるでしょう。

自分の信念を曲げてまで自分の利益を求めようとは思いませんから、これまた多くの人からの信頼を受けるのです。

しかし、実際に「裏表のない生き方」をするのは、とても難しいことです。

なぜなら人間は、本音で生きようとすればするほど自分の我を通したくなり、自分と敵対する者を排斥したくなるものだからです。

つまり、「裏表のない生き方をしたい＝わがままな生き方」になりかねません。

それではいろいろな価値観を持った人と仲よく共存していくことはできませんから、放っておいたら、闘争だらけの世界になってしまいます。

だから人間は知性を磨くことによって、平和に共存するための価値観をつくり上げてきました。それはときに宗教であったり、哲学であったりしましたが、いずれにしても自分たちの〝人間性〟を高めようとしてきたのです。

そう考えると、**私たち人間は必死に、表に出す感情と裏に秘めた感情の折り合いをつける努力をしているのかもしれません。また、そこを上手にクリアした人こそ、本当に裏表のない、付き合っていてすがすがしい人であると言えるのだと思います。**

その一方で、どうしても自分の持つ二面性に引きずられて、言っていることとやっていることがあまりにも違っていたり、人によって態度を大きく変えたりする人がいます。いわゆる「裏表のある人」であり、誰にも信用されないタイプです。

たとえば、ブライダルの世界は、一見するといかにも華やかで、品のある世界に見えるでしょう。しかし、舞台裏はけっこうすごい（笑）。披露宴が予定時間より延びるのはよくあることで、そんなときは舞台裏でみんな走り回っていますし、ストレスも大きくなります。少なからぬスタッフが「また延びるの！」と心の中で嘆きます。それでも、お客さまのためだと思って頑張るからこそ、最終的にはいい結婚披露宴になるのです。

ところが中には、「なんだよ、今日も延長かよ」と本気で毒づいている人もいます。そういう人はどんなに取り繕《つくろ》っていても、いつか抑えきれなくなるのです。どこかでボロが出て、たとえば、お客さまの前で取り返しのつかない言動をしてしまい、業界から去ることになります。

それはブライダルの世界に限ったことではないでしょう。

とある会社に、二面性のある人、つまり裏表のある人がいたとしましょう。周囲の人はなんとなく気づいていても、同僚だからと、ときにはかばってあげたり、フォローしてあげたりするはずです。

でも、いつかは負の面が表に噴出してきます。

あちらこちらで都合のいいことばかり言っていたこと、人の悪口ばかりを言っていたことがわかってくるのです。それが原因でトラブルに発展することも少なくありません。そうなればもう、誰からもフォローしてもらえなくなります。

それが、裏表のある人の悲しい末路です。

バカ正直に生きることも、お人よしに徹するのも、確固たる信念を持ち続けるのも、並大抵のことではありません。しかし、悲しい末路を回避するためにも、なるべく裏表のない生き方ができるように、努力し続けていきたいものです。

むやみに人とつながらない

人と群れない人の品格と魅力

「群れずにひとりでいられる人」には、どこか気高さを感じます。

「孤高の人」いう言葉もありますが、孤立しているわけではなく、なにか一本筋の通った生き方を選択しているがゆえに孤独を選択するという、凛とした覚悟を感じますし、品格につながるある種の美しさが感じられます。

ドイツの哲学者ショーペンハウアーは、

「孤独は優れた精神の持ち主の運命である」

という言葉を残しています。

また、ノルウェーの劇作家イプセンも、

「この世で一番強い人間とは、孤独で、ただひとりで立つ者なのだ」

と言っています。

しかし、「群れずに生きる」なんて、よほどの覚悟と自信がなければできません。まして現在は、人類がかつてないほど組織化された時代です。群れて生きるのが当たり前になっています。

電車の中でも、歩いていても、スマホから目を離さない人が増えています。何をしているかと思えばＳＮＳです。スマホで誰かとつながっていないと不安でたまらず、つながっている実感を得るために、「いいね」をもらうことに必死になっています。その世界に実態はなくとも、たとえ架空の世界であっても、群れていないと不安でたまらないのです。

劇作家の寺山修司さんは、19歳のときに重病のネフローゼを発症し、自分が若くして死ぬことを知りながら、１９８３年に47歳で亡くなるまで、数多くの作品を手がけました。その寺山さんが残したのが、

「人は弱いから群れるのではない。群れるから弱くなるのだ」

という言葉です。

仲間の存在も大事ですが、自分の生き方を追求することも大切です。人とつながる

時間も必要ですが、ひとり自分を見つめ直す時間も必要です。

江戸時代後期に松下村塾《しょうかそんじゅく》を開き、高杉晋作や伊藤博文など、のちに明治維新のリーダーとなる人々に大きな影響を与えた吉田松陰が、最後の門下生に贈った漢詩の中に「立志尚特異（立志は特異を尚《たっと》ぶ）」という言葉があります。

これは、「志を立てるためには人と異なることを恐れてはならない」という意味だといわれています。

そのとおりではないかと思います。

群れてばかりではなく、ときには群れから離れ、ひとりになって、誰とも違う自分であることを認められる——。

そんなふうに、人と違うことを恐れない強さが求められる時代になってきたのではないでしょうか。

人生の節目、節目で

親しき仲にも礼儀を尽くす

どんなに親しい間柄でも〝言葉に出して伝えること〟が大切です。

たとえば家族に、「おはようございます」「おやすみなさい」と、きちんと挨拶していますか。挨拶はコミュニケーションの第一歩であり、それが習慣になっている人は、どんな場面でも、誰に対しても、きちんとした挨拶ができるものです。

また、人から物をもらったり、ご馳走になったりしたときに「ありがとう」「いただきます」とお礼を言うのは当然の礼儀ですし、悪いことをしたり間違えたりしたら、すぐに「ごめんなさい」と謝ることも、基本中の基本です。

「彼（彼女）とはそんな仲じゃない。いちいち言わなくてもわかってくれる」と思うかもしれません。しかし、**「親しい関係」といっても、その距離感は人によって案外違います。**実は気持ちが通じていなかったり、思わぬ誤解が生じていたりすることもままあることで、それを避けるためにも、意識して、声に出して言うべきなのです。

その、たったひと言を言えるか言えないかで、結果が大きく変わることもあります。

たとえば、同僚から頼まれた資料を用意して届けたとき、「どうもありがとう」とすぐにお礼の言葉をくれる人や、不在のデスクに資料を置いたら、あとから内線でお礼を伝えてくる人には、品のよさを感じるはずです。

「親しき仲にも礼儀あり」という姿勢は、常に忘れずにおきたいものです。


最近は、若い人からきちんとした手書きの手紙をもらうと、なんだかほっとしてしまいます。というのも、手書きの手紙のやりとりをする機会などすっかり減ってしまった近年、きちんとした手紙を書けない人が急増しているのです。

専門学校のビジネスマナーの授業で「高校時代の恩師に手紙を書く」というテーマに取り組んでもらったことがあります。するとある学生は、

「アキラ、元気？」

という書き出しでスタートしたのです。

「アキラって誰ですか？」

「高校の担任の先生だよ！」

「そんなふうに呼んでいたの？」

「そうだよ、先生。そんなの当たり前じゃん」

さすがに最初はあっけにとられましたが、そういう学生はひとりやふたりではありません。程度の差こそあれ、手紙の書き方を知らない学生がどんどん増えています。

理由もわかります。今や、家庭で礼儀を教わることなんてほとんどありませんし、高校や大学においては、先生に対して友達感覚で話しかけても通用してしまうのです。残念なことに教師も、そのほうが生徒たちとの関係をつくりやすいのでしょう。〝それでよし〟としている結果が、「アキラ、元気？」なのです。大人にも責任がありますね。

そこで私は手紙を出すときの最低限のマナーを教えはじめるわけですが、学生が「ああ、そういうもん？」と言うのに対して、「そういうもん！」と言うしかありません（笑）。

しかし学生にも、きちんとした手紙を書かざるをえない日がやってきます。そうです、就職活動です。さすがに学生も、企業に向けて必死で書類の送付状を書いたり、内定をいただいたお礼の文章を書いたりします。四苦八苦しながら書いている姿は微笑ましくさえあります。彼ら彼女らは、これまでに手紙に触れる機会がなかっただけで、決して書けないわけではないのです。

これは、若い人たちだけの問題ではないのかもしれません。

今や、かつてのような四季折々のご挨拶の風習も、どんどんなくなっていますし、年末には「今年もお世話になりました」と挨拶し、年明けに「おめでとうございます」と挨拶する機会がどんどん減っています。

しかし、減っているからこそ、**節目、節目にきちんと礼を尽くし、挨拶をかわす習慣は大切にするべきだと思いますし、それができる人は一目置かれる**のです。

あなた自身の人生のステージが上がれば上がるほど、あなたの周りにいる人たち、あなたがお付き合いしていかなければならない人たちの立場も上がっていきます。

立場が上がるほどに、礼儀作法が身についているか、言葉遣いはきちんとしているか、その場その場に応じた振る舞いができるかどうかが、周囲の人のあなたに対する評価に大きく関わってくるでしょう。それを肝に銘じておくことです。

人間関係の賢い深め方

相手との距離感、間違えていませんか？

前述した「親しき仲にも礼儀あり」に通じることですが、**相手との「距離感」の取り方にも、その人の品格が表れます。**

たとえば初対面の相手に対して、妙に親しげな言動で接しようとする人がいます。おそらく、そうすることで相手に対する親愛の情を示せると思っているか、もしくは、相手を自分と対等だと見ているからでしょう。

しかし、そうされた相手が同じように親愛の情を抱いてくれたり、対等の関係だと思ってくれるとは限りません。なんて馴れ馴れしい人だとムッとされたり、媚びていて品のない人だと評価されたりするかもしれないのです。

客観的に見て明らかに同等の立場であるならさておき、**お互いの立場が明瞭でない場合や、相手の立場が少しでも上である場合は、しっかりとした距離感を保って向き**

合うことが求められます。

ふたりきりでプライベートな話をするとき、相手がまったく気にしないのなら、多少親しげな口調になっても許容されるでしょう。それをきっかけに、本当に親しい間柄になれるかもしれません。

しかし、他の人がいる場合は慎重さが求められます。たとえ本人同士は気にしなくても、周囲の人から、「最初から、あんなに親しげな態度を取るなんて、礼儀がなってない」と顰蹙を買うこともあり得るからです。

では、上手に相手との距離を保ちつつ親しくなるには、どうしたらいいのでしょうか？

まず、基本は、礼儀正しく接することです。

そして、信用できる人間であることを印象づけることです。

最初はあくまで節度を持って。そして、何度かお会いする中で共通の話題を見つけることによって、徐々に距離を縮めていきます。

たとえば仕事の話が終わったあとに、社交辞令ではなく、

「最近、ゴルフ行ってますか？」

「ワンちゃん元気ですか？」

など、その人が興味を持っていることに触れることで、「あなたのことを気にかけています」というサインを送ることができるのです。

これで、距離は必ず縮まります。

誰かと親しくなりたいと思ったとき、焦って急に距離を縮めようとするのは、得策ではありません。もし「馴れ馴れしい」「媚びている」と受け取られてしまったら、その悪印象を覆すことが簡単ではないのは、先にも述べたとおりです。

大事な相手であればなおさら、ゆっくりと、着実に、関係を深めていく道を選ぶほうが確実なのです。そんな心の余裕がある人は、きっと相手にも信頼され、受け入れてもらえることでしょう。

言い方、伝え方が大事

「愚痴」を言うにも、作法がある

生きていれば、愚痴を言いたくなることだってあります。

毎日一生懸命生きていれば、そんな瞬間があって当然です。

正直に言いましょう。私だって、ひとりでいるときにブチブチと愚痴を言っていることはあります。でもそんなときこそ、発想を転換するべきだと思っています。

愚痴ばかり並べていても、そこからは何も生まれてきません。愚痴を言うのに時間を使うのは、なんとももったいないことですし、愚痴を聞かされる周りの人を不快にさせてしまうばかりです。

それより、**愚痴を言いたくなるような状況をどうやって解決し、打開していくかに頭を使ったほうが、よほどいい**と思うのです。

たとえば、何か問題が生じたとき、その場その場で問題点を指摘していくことも、愚痴を溜め込まないためのひとつの方法ではないでしょうか。

披露宴の現場などでは、ちょっとした行き違いから腹が立つこともあります。スタッフを見ていて、「え？　そのサービスはないんじゃないの？」と思うこともありますし、お客さまの言動に振り回されることもあります。

もちろん、お客さまに対してもの申すことはできませんし、なんらかの問題が起きる原因のほとんどはスタッフ側が気をつければ解決できることとです。そうした問題がいかにして起こったのか、それを防ぐにはどうしたらいいのかについて、みんなが共通認識を持てば、同じ失敗を繰り返さずにすむでしょう。

それはブライダル業界に限った話ではないと思います。

みなさんは、何か問題が起きたとき、どう対処しているでしょうか？　ほとんどの人は、面倒くさがって「ま、いいや」と流してしまっているのでは？　その一方であとになってから、「いやあ、あんなのやってられないよね」などと愚痴をこぼして、溜飲を下げているだけだったりして……。

しかし、それでは問題は誰にも共有されず、同じ失敗が繰り返されるかもしれません。だから私は、**できるだけ、その場その場で問題提起をする**ように心がけています。

もちろん、角が立ったり、上から目線にならないように、言い方には十分気をつけなければいけません。

たとえば、こんなことがありました。お客さまを会場内やお席にご案内する際にサービススタッフの人手が足りない場合には、司会がアナウンスを入れてフォローします。ゲストの様子を見ながら何回かご案内するのですが、残念ながらマイクを通して一人ひとりのケアをすることはできません。そこで、やはりスタッフの力が必要になります。ところがお客さまがどこに座ったらよいのか戸惑っているにもかかわらず、サービススタッフが誰ひとり気づかず、ご案内をしていないのです。何度かそんなことが続いたので、私は思い切って、その会場のチーフに伝えてみました。

「私はスタッフの一員としてよりよい披露宴をみなさんと一緒につくり上げていきたいと思っているからこそ、自戒の念を込めて申し上げるのですが、私たちはもう少し一人ひとりが、意識を高く持ち、常に目配り・気配りをすることを心がけていかなければならないのではないでしょうか。そうすればもっともっとお客さまに満足していただけるはずです」と。幸いこのときは私の意見を尊重していただき、スタッフ間でミーティングが行なわれたおかげで、問題はすぐに改善されました。

このケースのように、自分の意見や提案がすぐに反映されない場合も多いのですが、伝えたという事実は大きいのです。その場では取り合ってもらえないことでも、私が話した内容が誰かの脳裏に残っていて、しばらくたってから改善されたり、手助けしてもらえたりすることもあります。「伝える」ことは精神衛生上とても大切です。

この経験があるから、私は**愚痴を溜め込むのではなく、問題提起に変えていくという発想の転換が必要だ**と思うのです。

前述したように、人間、生きていれば、ときには愚痴のひとつも言わないとやっていられません。しかし、あまり愚痴ばかり言っていても、そこからは何も生まれません。だから私は、

「ひょっとしたら誤解されて、嫌われるかも……。それでもいいや」

という覚悟でいます。

愚痴を吐き出す場は必要です。私だって、愚痴ひとつ口にしないほどご立派な人間にはなれません。ただ、愚痴も、発想の転換次第では、役立つプラスの発言に換えていけるということを知っておいてほしいと思います。

思慮深い人が絶対にしないこと

つい、自慢話をしてしまう人たちへ

自慢話をする人を、あなたはどう思いますか?

私は「自慢話をする人って、けっこう人間らしくておもしろい!」とか、「ちょっとかわいらしい」と感じる部分もあるのです。

毎回、毎回、同じ話を聞かされるのはさすがにつらくなりますが、そんな自慢話の中にも、ためになることを発見することがあります。それに、話を聞いてさしあげることで、その場がうまく収まるのなら、それはそれでいいのかなとか、やり過ごしてあげればいいじゃないとか思ったりもします。

こちらがおおらかになって、人の自慢話を聞いてあげる心の余裕もほしいものです。ただし、自慢話は明らかに度が過ぎるとかなり不快であり、耳をふさぎたくなることもしばしばです。特に今の若い世代はそんな感覚を持っているようです。

専門学校で、ブライダル業界について講演をしてもらったときのことです。あるホテル業界の重鎮が自分の武勇伝を語るのを聞いて、ひとりの学生が、

「なに、この人、自慢話ばっかりじゃない」

と、拒絶反応を示しました。たしかにご自分が取り仕切り喜んでもらえたという話ではありましたが、私はひとつの成功例として聞いていたので、「え？　この子たちにはただの自慢話に聞こえちゃうんだ！」と、世代の差を感じたものです。

今の若者は、自慢話を嫌う傾向が強いようです。

たしかに思慮深い人や頭のいい人は、そもそも自慢話なんてしないものというイメージがありますから、その学生は講師に対して、「自慢話なんてしない人格者であってほしい」と思っていたのかもしれません。にもかかわらず、武勇伝がはじまったので、失望したのでしょう。

今の若者は、相手の肩書に左右されません。立場や経験の重みを知らないということもあるでしょうが、ある程度の肩書を持った人を前にしても、「へえ、そうなんだ」といった程度の反応しか返ってこなかったりします。

それだけに、年配者を見る目も厳しく、少しでも自分たちの価値基準から外れた人は平気で拒絶したりするのです。

それだけに、若い人たちと接するときは注意が必要です。**実績があるから、経験者だからと、上から目線で接したりしたら、とたんに拒絶されることになってしまいます。**

前述した、講師に対して「この人、自慢話ばっかりじゃない」と厳しい目を向けた学生にしたって、当然、そんな気持ちを持っています。

それはさておき、かなりの人生経験を積み、自慢話など人前でするのは品のいいことではないと認識している人でも、自分の功績によりうまくいった経験を、「こんなことがあって、こんなふうに処理したの。私ってすごいでしょ?」と語りたくなるのは人間の性でしょう。

もっとも、老若男女を問わず、自分を自慢したい気持ちを無理やり封じ込めるのはつらいもの。あまりに抑えつけるのは、本人にとってちょっとかわいそうです。

やたらと他人に自分の自慢話をするのは、品がないのでおすすめできませんが、**親**

しい友人や家族など、本当に限られた人との間には自慢話ができるような、場をつくっておきたいものです。

ちなみに私は披露宴本番のあとは、帰宅後、興奮状態で夫の前でしゃべりまくりです。起こった出来事、自分がいかに頑張ったかを報告している日々です（笑）。

自慢話をおもしろく聞いてもらうためには、ひとつかふたつの失敗談も加えるとか、何か笑えるオチをつけるなどといったテクニックも必要なのかもしれません。

完璧すぎる自分を演出したり、素晴らしい面ばかりを見せようとする言葉は、まったく相手に響かないばかりか、かえって嘘っぽくなってしまいます。

やはり基本は、正直に自分を表現することです。

自分をよく見せたいとか、自分を認めさせたいという邪心が隠された言葉は、あっという間に見透かされてしまいます。そして、そんな話をする人に品性は感じられません。

自慢話は決して相手を愉快にするものではなく、むしろ行きすぎると不快感を与えてしまう品のないものであることだけは、しっかりと認識しておきましょう。

人と比べない生き方を

見栄、優越感……品格の対極にあるもの

「見栄を張る」とは、他人を気にしてうわべを飾ること、よく見せようとすることですよね。つまり、今まで述べてきた「品格」や「品性」の、対極に位置づけられる行動だということです。

人と比較することなく、ぶれない信念を持って、ありのままの自分でいようとするのが「品格が感じられる生き方」だとすると、常に他人の目を気にして、世間の風潮に流され、繕《つくろ》ったり装ったりして生きるのが「見栄を張った生き方」だということになります。

見栄を張るのは、とても残念な行為にしか見えません。

私の若い頃はいわゆるバブルの時代で、それこそブランドファッションに身を固めている女性が巷にあふれ、「お互いに見栄を張って競い合っている」と評されました。

しかしそれは、表面的な見方であったと思います。たしかに高級ブランドの服を着て、高価なバッグを持って、お立ち台で踊っている女性はたくさんいましたが、世の中全体がそんな雰囲気に満ちていたのです。

好景気だったために、見栄を張るというより、無理せずとも今よりかなり贅沢な暮らしができていました。若い女性だけが時代に踊らされていたわけではなく、老若男女がみな揃ってお金を使い、日々を楽しんだ時代だったと見るべきでしょう。

余談ですが、身についた感覚は恐ろしく、華やかなバブル時代を謳歌した私の世代、あるいは私より少し上の世代である、現在50代女性の消費支出額は、他の世代に比べてかなり高いそうです。ある意味、社会に貢献していると言えるかもしれません（笑）。

一方、いわゆる今どきの若者は、堅実になったと言われます。男女ともにさほどブランド品に執着するわけでもなく、比較的安価なファストファッションを上手に取り入れて、賢く生きているように見られます。かつては、いわゆる出世欲を露わにする人も少なくありませんでしたが、今ではもはや少数派です。

では、見栄を張る人も減っているかというと、実はそうではありません。形こそ変われど見栄を張る人はいるもので、そんな人は周囲の人から敬遠されたり、ときには軽蔑の対象になったりしています。

どんな時代にも当てはまる、わかりやすい「見栄っ張り」とは、経済的な成功をひけらかすように、やたらと高価なものを購入したり、身につけたりして、自分を飾り立てる人たちです。

以前、南青山の一部の住民が、児童相談所の建設に反対しているという話題が、世間を騒がせました。反対理由として挙げられているのは、「土地の価値を下げないでほしい」「青山のブランドイメージを守ってほしい」ということですが……。

彼らにとって「南青山に住んでいる」という事実こそ、自分にとっての「見栄」なのかもしれません。

しかし、このような言動こそ、品性が疑われるものではないでしょうか。

また、自分さえよければいい、自分にだけ居心地のいい場所であってほしいという利己的な考えはあまりに危険で、考えさせられる問題です。

見栄っ張りな人の中には、自分を大きく見せ、高く評価してもらいたいがために、むやみやたらと他人の権威を利用しようとする人たちもいます。

「有名人の誰それを知っている」とか、「何かあれば権力のある人に力になってもらえる」などと、すぐに口にするような人は、周りからは「さもしい人間だ」と冷めた目で見られていることでしょう。

夫や恋人が、ある程度の地位についているからといって、自分の社会的地位まで高いかのように振る舞う人も同様です。社会的地位が高いのは夫であり、イコール自分でないにもかかわらず、大きな勘違いをしているケースです。

見栄っ張りな人たちは、常に他人と自分を比較することで、自分を確認しています。いつも自分と周囲を比べていて、相手に勝っていると思えば優越感に浸り、負けていると感じれば劣等感に苛《さいな》まれます。人と自分を比較して生きていくことほど、息苦しいことはありません。

品のある人を見習って、自分に自信を持って生きていきたいものです。

うわべは繕っても、すぐにはがされてしまいます。

自分の本質を隠さず、都合の悪いことを周りの人や環境のせいにせず、自分に正直に生きていきましょう。それが品のいい生き方につながっていくはずです。

笑顔を見れば、その人がわかる

いつもおおらかな人、ほがらかな人の魅力

品よく生きる――そのために一番大切なのは、その人が持つ人間性ではないでしょうか。

人間性とは、それぞれの人が持つ本質的なもので、決して装えるものではありません。この世に生まれてから、どんなことを学び、どんな人生を送ってきたかによって、培われるものです。

そして、**人間性が最も表れるのが「笑顔」です。人々は、人間性あふれる素晴らしい笑顔に魅了されます。**

特に品格を感じさせる笑顔は、余裕の表れであり、優雅さの表現でもあると思います。そんな笑顔を浮かべられる人は、いつもおおらかで、ほがらかです。

当然のことですが、なんの苦労もなく、思うがままに人生を送れる人など存在しま

せん。誰であっても失敗したり、ときには挫折したりすることもあるでしょう。

そして、**たとえ失意の中にあっても、自分を取り囲む人を大切にし、一緒に手を携えて生きていこうと思える人こそ、本物の品格を備えた人なのだ**と思います。

こういう方は、「自分自身の生き方に一点の曇りもない」という自信と、凛とした優しさをあわせ持っているものです。

また、**何かを徹底的に極めた人には、本当に品格があります。**

たとえば、ノーベル賞を受賞した先生方の言葉には深みがあり、心から感動させられます。

世界に先駆けてiPS細胞をつくり上げた山中伸弥先生にしても、がん免疫治療薬「オプジーボ」の開発を導いた本庶佑《ほんじょたすく》先生にしても、ノーベル賞を受賞してもなお、謙虚に、**「この結果は私だけの力ではない。みんなの努力の成果だ」**とサラリとおっしゃいます。

言葉一つひとつに重みがあるのは、自分の生き方に誇りを持っていらっしゃるからでしょう。おふたりの振る舞いや考え方には、科学者としての矜持《きょうじ》が感じられます。

そこが一流であり、品格を感じさせるのです。

また、私利私欲がまったくないことにも感動します。

山中先生も本庶先生も、ノーベル賞の賞金や、薬が製品化されることで得られるパテント料も、研究のため、後輩のために全額提供する、とおっしゃっています。なかなか真似できることではありません。

研究に対して、無欲かつストイックな一面を見せる一方で、おふたりのお話には、知性とユーモアが満ちあふれています。聞く人の心を惹きつけてはなしません。また、ときおり見せる笑顔の、なんとも素敵なこと！

とても私ごときに真似できるものではありませんが、少しでもおふたりのような生き方ができるように、**いつも「おおらかさ」と「ほがらかさ」を忘れない、自分に恥じることのない生き方をしたい**と、常々思っています。

第4章

品がいい人の
こんな「心構え」、
こんな「生き方」

太宰治が言っていること

「人をうわべだけで見る。下品とはそのことだ」

「ただ、ひとの物腰だけで、ひとを判断しようとしている。下品とはそのことである」

この言葉は、太宰治の絶筆となった連載随想『如是我聞《にょぜがもん》』に出てくる言葉です。『如是我聞』は次のような書き出しではじまります。

〈他人を攻撃したって、つまらない。攻撃すべきは、あの者たちの神だ。敵の神をこそ撃つべきだ。でも、撃つには先ず、敵の神を発見しなければならぬ。ひとは、自分の真の神をよく隠す〉（『青空文庫』底本：『もの思う葦』新潮文庫）

『如是我聞』は、晩年の太宰が記者に口述筆記させたものです。１９４８（昭和23）年3月から『新潮』で連載が開始し、同年6月13日に太宰が玉川上水で入水自殺したあとも、翌月の7月まで4回に分けて掲載されました。

その内容は、既成の文壇に対する過激極まりない批判でした。その文中で、太宰はこう書きます。

〈私は、或る「老大家」の小説を読んでみた。何のことはない、周囲のごひいきのお好みに応じた表情を、キッとなって構えて見せているだけであった。軽薄も極まっているのであるが、馬鹿者は、それを「立派」と言い、「潔癖」と言い、ひどい者は、「貴族的」などと言ってあがめているようである〉

ここで太宰が言う「老大家」とは、当時、文壇の頂点に立ち、大きな影響力を持っていた志賀直哉のことです。さらに太宰は、志賀直哉を取り巻く人々に対しても、次のような、恨みにも通じる激しい言葉を吐いています。

〈後輩が先輩に対する礼、生徒が先生に対する礼、子が親に対する礼、それらは、いやになるほど私たちは教えられてきたし、また、多少、それを遵奉してきたつもりであるが、しかし先輩が後輩に対する礼、先生が生徒に対する礼、親が子に対する礼、それらは私たちは、一言も教えられたことはなかった〉

そして、こう断じるのです。

〈ただ、ひとの物腰だけで、ひとを判断しようとしている。下品とはそのことである〉

そもそも、太宰治と志賀直哉の対立は、『文学行動』（1948年1月発行）という同人雑誌に掲載された「志賀直哉　広津和郎　両氏を囲んで　現代文学を語る」と題する座談会で、「太宰治はどうです」と聞かれた志賀直哉が、〈年の若い人には好いだろうが僕は嫌いだ。とぼけて居るね。あのポーズが好きになれない〉と答えたのが最初のきっかけでした。

その後も、志賀の太宰に対する批判発言は、続きました。

〈二、三日前に太宰君の「犯人」とかいうのを読んだけれども、実につまらないと思ったね。始めからわかっているんだから、しまいを読まなくたって落ちはわかっているし……〉（雑誌『社會』同年4月号）

〈太宰君の「斜陽」なんていうのも読んだけど、閉口したな（中略）あの作者のポーズが気になるな。ちょっととぼけたような。あの人より若い人には、それほど気にならないかも知れないけど、こっちは年上だからね、もう少し真面目にやったらよかろうという気がするね。あのポーズは何か弱さというか、弱気から来る照れ隠しのポーズだからね〉（雑誌『文藝』同年6月号）

こうした志賀直哉の言葉に、太宰が反発したくなったのも当然でしょう。太宰の反発は単に志賀直哉個人に向けられたものではなく、文壇全体に向けられたものであった、あるいは、自分がなかなか認められないことに対して激しい焦燥感を持っていたからだ、などと分析する人もいるようです。

『如是我聞』は、読む人によっていろいろな受け取り方がされると思います。

いずれにしても文学論議は私の手には余るので、専門家に任せたいと思いますが、私なりに太宰治の立場に立って読み取ることがあるとすれば、

「いいものを着て、上品な言葉を使い、いいものを食べて、身だしなみがちゃんとしている人を見れば、それだけでひとかどの人物だと判断してしまいがちだが、そんなうわべのことだけで人を判断するのは、決して品のいいことではない」

ということなのではないか、と思うのです。

もちろん、外見によって人がつくられる面もあるでしょう。

しかし、外見を真似ただけの偽物や、仮の姿というのは、いずれ化けの皮がはがれてしまう……。太宰が言わんとするのは、そういうことではないでしょうか。

「掃除力」で心を整える

「丁寧な暮らし」が品位を生む

たとえば、乱暴な言葉遣いや振る舞いをする人、あるいは身だしなみに気を遣うことなくボロボロで不潔な格好をしている人を、「高貴な人だ」などと言う人はいないでしょう。ぞんざいな言動しかできない人には近寄りたくもない、というのが多くの人の正直な気持ちです。

つまり、ぞんざいな人の周りにいるのは、本人と同じように品のない人ばかり、ということになってしまいます。

また、ぞんざいな言動しかできない人は、ルーズな生活をしていることが多いように思います。生活のリズムがいい加減で、食生活も貧しかったり、部屋の中はゴミだらけで、服も脱ぎ散らかしたままだったり……。いわゆる生活が荒れているのです。

ぞんざいな人に見られる大きな特徴は、ついつい「あとでやればいいや」とあと回

しにしてしまう性格です。

「今、忙しいから」「この仕事が終わったら」などと、あれこれ理由をつけては、問題を先送りにしようとします。しかしその結果、収拾のつかない状態に追い込まれていってしまうのです。

それに対して、品がよく丁寧な立ち居振る舞いのできる人は、きちんとした生活を送っています。私は、そういう意味で、**〝品位〟とは「丁寧な暮らし」から生まれるものではないか**と思っています。

常に物を丁寧に扱う人や、同じ物をきれいに長く使っている人を見て、あなたはどう感じますか？　人間としての繊細さや、それこそ品のよさを感じませんか？

物をいとおしむ気持ちを持ち、丁寧な暮らしをしていると、人に対しても同じような気持ちが生まれるでしょう。物を傷つけたり壊したりすることがないのと同じように、人に対しても傷つけたり、冷たく接したりしないのではないでしょうか。

実際、持ち物をこまめに手入れしたり、きちんと整理したりする習慣を身につけている人は、人に対しても細やかな心遣いができますし、何より心穏やかで、人に信頼感を抱かせる雰囲気を持っているものです。

実業家・コンサルタントの本田直之さんは、**心や生活が乱れてきたときは、まず「整理整頓」からはじめる**といい、とおっしゃっています。

脱いだ靴を揃えるとか、読み終えたあとほったらかしだった雑誌を処分するとか、手をつけやすいところからはじめれば、それをきっかけに、丁寧な暮らしを取り戻していけるのだそうです。物を揃えたり整えたりすることで、気持ちも整い、心地よい暮らしのリズムを手に入れることができます。

また、お掃除も効果を期待できそうです。身の回りがきれいに整理されていくのと同時に、心のデトックスもできます。部屋に風を通すことなくほこりだらけにしていると運気が回らない、とも言われますよね。

毎日掃除ができればそれに越したことはないのですが、働いているとそうもいきません。1週間に1回、もしくは10日に1回、それも難しいなら1か月に1回でもいいので掃除する、と無理のないルールをあらかじめ決めておいたり、仕事が一段落したら掃除をすると事前に予定を立てておいたりすれば、とりかかりやすいでしょう。

「よし、掃除をやろう」と改めて思うことで、心のリセットボタンを押すような感覚になれます。毎日惰性で掃除をするより、よほど効果があるかもしれません。

不思議なもので、片づけが終わると、「さあ、次！」という気持ちになれるものです。

生活の乱れが整い、きちんとしたリズムの中で生きていけるようになると、周囲の人たちにも、「あの人はとても安定感がある」「どことなく品がある」といった印象を持たれやすくなるものです。

『人生がときめく片づけの魔法』の著者である近藤麻理恵さんも、「毎日整理しなくていい」「1か月に1回、お祭りのように整理をするだけで、心がリセットされる」と言っています。

私たちもそうやって、少しずつでいいから生活にリズムをつくり、心を整えていきたいものです。

「あの人は品がある」と言われる日を目指して……。

一期一会の精神で生きる

品がいい人は、人もチャンスも引き寄せる

人は、自分ひとりで生きているのではありません。社会生活を送る中で、「自分の居場所＝生き方」を見つけていくものです。

ましてや最初から完璧な人間なんていません。誰もが多くの人との出会いを通じて成長していきます。いつ、どこで、どんな人と出会うかで、その人の一生が決まると言っても過言ではないでしょう。

それを教えているのが、「一期一会」という言葉です。

「一生に一度だけの機会。生涯に一度限りであること」を意味するこの言葉は、もともと「どんな茶会でも一生に一度のものと心得て、主客ともに誠意を尽くすべきである」という茶道の心得からきた言葉です。

「生きていれば、どんな出会いがあるかわからない。その出会いの中には一生を左右

する出会いがある。だからこそ人との出会いは生涯に1回しかないと考えて、いつも大切にしなさい」

という教えだと考えればいいでしょう。

そう考えると、結婚披露宴は、まさに一期一会の場と言っていいでしょう。その日、その場所に集まったメンバーが、再び同じように集まる機会は二度とありません。だからこそ、私たちは誠心誠意お客さまに接するわけですが、みなさんにとっての一期一会の場も、いろいろな場所で生まれているはずです。

職場での出会い、趣味の世界での出会い、子どもを通しての出会い……。

現代社会を生きる人にとって、生きることは人と出会うことと同じ、と言ってもいいほどです。

長く生きていると、出会った人に関わりのある人の中に、共通の知人や友人がいることもしばしばです。ただ、少し踏み込んでその人と話をしなければ、共通の友人を知ることはできません。

私は職業柄、はじめて出会った方と少しでも打ち解けるために、共通の話題を見つけ出すことに必死になります。ご出身は？　お住まいは？　出身校は？　相手の様子をうかがいながらですが、聞ける範囲で踏み込んでみます。

つい先日も、プライベートで出かけた上海旅行で出会った方が、海外勤務の長い方で、話題も豊富でいらしたので楽しくお話をしていたところ、同年代ということがわかり、何か共通点があるはずだと記憶をたどってみました。その方と同じ会社に就職した大学時代の同級生のことを思い出し、名前を出してみたところ、なんとその方の同期であることがわかり、話は一段と盛り上がりました。

出会いのチャンスは誰にでも同じようにあると思います。ただ、その出会いを大切にして、今後につないでいけるかは、自分の振る舞い次第だと思います。

パーティーや旅先で知り合った人と、今後会うこともないからとその場しのぎの会話をするのではなく、相手に興味を持って話してみる。丁寧に接してみる。

そうすることで、あなたの人生は2倍にも3倍にも広がり豊かになることでしょう。どんな場でも、誰に対しても、決してないがしろにせず、相手に敬意を払い、一期一会の精神をもって接することです。それが、あなた自身の人生にチャンスをもたらすと同時に、あなたの品格を高めてくれるのだと思います。

自分へ投資もいいけれど……

人のために使ったお金は、自分に返ってくる

お金の使い方は人それぞれです。いわゆるケチと言われる人にも、チマチマした感じのかわいらしいケチンボさんもいれば、それこそ「吝嗇《りんしょく》」と漢字で書きたくなるような徹底した人もいます。

お金は無尽蔵に入ってくるわけではありません。きちんと管理して使うことが大前提で、あと先考えずに浪費する人は、いい加減な人だと思われかねないでしょう。どこかで倹約することは、もちろん必要です。

ところで、「倹約」と「ケチ」を混同する人がいますが、私はまったく別だと思います。

何か明確な目的を持って無駄遣いを控えているが、必要なときにはしっかりお金を出すような人は「倹約家」だと考えます。

一方、軽蔑の気持ちを込めて、「あの人は本当にケチだ」とか「吝嗇家だ」といった厳しい言葉を口にしたくなる相手もいます。それは、**人付き合いを軽く見て、自分が得をしないことには絶対にお金を使わなかったり、何をするにもお金に執着したりするような人**に対してではないでしょうか。

たとえば、会社の仲間が退職することになったとき、送別会が会費制だからと「今月、小遣いがないから行かない」なんて平気で言う人もいます。徹底しているとも言えますが、なんだかむなしいですよね。そんなことを繰り返していたら、真剣に寄り添ってくれる人がいなくなってしまうでしょう。

最近の若い人の中には、アルバイトでそれなりに稼いでいるのに、仲間との集まりには「お金がない、お金がない」と騒いで出席しない人もいます。そんな人は、一方で、ディズニーランドの年間パスポートを持っていたり、コンサートへ行ったり、洋服にはお金をかけていたりするのです。

また最近の傾向として「自分への投資」と称し、高い授業料を払ってセミナーに行ったり、エステに行ったり、セレブが集うような高級スポーツクラブの会員になったりする人も増えているようです。

お金をどこに使うかは、その人の価値観によって違います。

立派な家がほしい人もいれば、車にお金をかける人もいますし、身につけるものに費やす人もいるでしょう。ちなみに我が家は、食いしん坊でお酒に目がない夫婦なので、かなりのエンゲル係数の高さです（笑）。

好きなことにお金をかけたり、自分に投資したりするのは、悪いことではないと思います。ただ、それだけでは、人情の機微にふれることもなく、わびしい人生になってしまいます。

人間関係を広げるために、「人付き合い」にも、ある程度のお金をかけることは必要だと思います。

私はさまざまな事情により、金銭的なピンチに陥ったのは、これまで一度や二度ではありません。しかし、そんなときでさえ、いえそんなときだからこそ、人との付き合いにはできる範囲でお金をかけていました。

さすがに、食事に行ったり飲みに行ったりする機会は減らさざるをえません。が、お世話になった方への盆暮れのご挨拶は欠かしませんでしたし、お世話になった方が退職されるとか、転勤になると聞けば、気持ちですが贈り物を差し上げました。

また、送別会があるとわかれば、必ず出席しました。

人への気持ちや思いは、形に表さないと意外とわからないものです。

物を贈る場合には、高価なものである必要はなく、ひと言メッセージを添えて、思いを託してお渡しすることに意味があると思います。

多少無理をしてでも、礼を失することなく、義理を欠くことなく生きていると、本当に困ったときに手を差しのべてくれる人が出てくるものです。

たとえば贈り物をした相手から、お礼の電話のついでにと、仕事が舞い込んでくることもあります。困っているときには、ありがたい話です。組織の中で働いていれば、転勤した人がいつかは偉くなって戻ってこないとも限りません。印象に残るような送り出し方ができれば、将来の出世につながるかもしれないのです。

もっとも、人とお付き合いをする中で、見返りを求めたり、あてにしたりしてはいけません。損得で動くのは言語道断です。

でも人間は、感情の動物です。人のために使ったお金が、いい形になって返ってくることは、ままあることではないでしょうか。

日々を変える朝10分の過ごし方

ガツガツしないこと、バタバタしないこと

生きていくためにお金は必要不可欠ですが、だからといって**お金の話ばかりする人は、どうにもガツガツした印象が強く、「品位がない」と感じられます。**

私は司会業のプロダクション業務も行なっており、司会者に仕事を発注します。そのとき、人によっては仕事の内容より先に、「で、ギャラはいくらですか?」と、最初にお金の話をするのです。

たしかに大事なことですが、〝まずそれですか!〟と思ってしまうのです。あるいは、「私、これ以下ではやりませんから」と予防線を張る人もいます。

一方で、ギャランティーなど関係なく、多少難しい仕事であっても、快く引き受けてくれる人がいます。こういう人には、予定しておいたギャランティーに色をつけたくなるのが人情です。

その余裕のある様子には、頼もしさと品のよさが感じられます。

余裕がある人、といって私が思い出すのは、ソフトバンクの創業者である孫正義さんです。数多くの事業を展開し、運用する資金は国家レベルと言われ、有利子負債もかなりのものと聞きました。

しかし、孫さんにはまったくガツガツしたところがありません。自らの経営方針に対する自信と、頭の中に描かれた壮大なビジョンが、孫氏の余裕と非凡なイメージを生み出しているのかもしれません。

そこに納得できるものがあるから、彼の示すビジョンに投資する人が、世界中にいるのでしょう。


では、私たちには何ができるでしょうか。

大事なのは、**目先の小さな欲にとらわれない**ことです。

たとえば、先の司会業の例の場合、仕事を依頼する側として次回また発注したくなるのは、ギャラにかかわらず引き受けてくれた後者の人です。こういう人こそ、ギャランティーはしっかりお支払いしなければいけない、と思うものです。

もっとも引き受ける側からすれば、ギャランティーが相場からほど遠い場合には、安請け合いをしてはいけません。

ただ例外もあり、事情があって通常より少しばかり低い金額であったり、恩のある人からの依頼であったりすれば、迷わず引き受けましょう。その姿勢が、「また次回お願いしたい」という気持ちを相手に抱かせるのです。

こういう人は、きっと「将来なりたい自分」を思い描いているのだと思います。一流の司会者になりたい。そのためには経験を積まねばならず、仕事を選んでいる場合ではない……と。

目の前のことだけ考えるのではなく、ちょっと先に目を向けてみる。

そんな余裕がほしいものです。

また、なにかとバタバタする様子も、品がよいとは言えません。時間の使い方を工夫する必要がありそうです。

時間に追われると、どうしてもバタバタしてしまいます。追い込まれるにしたがって、心もギスギスしていきます。それを防ぐために、事前に準備するための時間をつくりましょう。

たとえば朝10分早く起きる。そんな小さなことからはじめればいいのです。

10分早く起きれば、出がけに紅茶を1杯飲む余裕をつくれます。1杯の紅茶で心を整えてから出かけると、ふだん目に入らなかった季節の花に思わず目がとまったり、耳に入らなかった鳥のさえずりが聞こえたり……。

あなたを取り囲む風景が、ガラリと変わって見えるはずです。

自分自身に余裕を持たせるためには、小さなことの積み重ねが大事になってくるのでしょう。

心に余裕をつくる不思議な言葉

「ごきげんよう」と挨拶してみませんか？

顔つきや話し方、あるいは態度に、〝トゲトゲしさ＝険〟を含む人は、どことなく下品に思えてしまうものです。

ここ数年、職場におけるハラスメント問題が取り沙汰されていますが、パワハラをする、感情のままに部下を責める上司の表情や口調には、共通した激しい攻撃性が感じられるものです。

普段どんなにスマートでも、どんなにエレガントでも、キレると鬼の形相になってしまうような人、恐怖さえ覚えるような迫力で怒りを爆発させる人がたまにいませんか？　非常に残念です。

企業に限った話ではありません。国会議員や、各種スポーツ団体の重要ポストにいた人物たちが、パワハラを次々と指摘され、しばしばニュースを賑わせています。実際のパワハラ映像や音声がネット上で拡散されて報道されるケースもあり、あまりにもひどい差別的な発言や誹謗中傷に、なぜそこまで汚い言葉を口にできるのかと耳を疑ったものです。

ひどい言動を取る人たちは、きっと不平不満や不安、もっとドロドロとした感情を心に抱え込んでいて、ある一線を越えると、相手に対する攻撃を止められなくなってしまうのでしょう。

私たちは、彼らの言動を他山《たざん》の石だと思って、自分は決して同じ過ちを犯さないように、気をつけるしかありません。

自分の心にトゲトゲしさをつくらないために、できることはあるのでしょうか。

そう考えたとき、ひとつ思いついたことがあるのです。

私は千葉県の公立高校を卒業したのち、白百合女子大学に進学しました。事前に、白百合では**「ごきげんよう」**と挨拶するのだと聞いていたのですが、入学してから、みんなが頻繁に「ごきげんよう」を使っているのを実際に目の当たりにして、「アラ本当！」とびっくりしてしまいました（笑）。

この「ごきげんよう」は、とてもいい言葉です。友人と意見のぶつかり合いなどしても、別れ際に「ごきげんよう」と口にすると、お互いに不思議と笑顔になって、「また明日ね」という気持ちになれるのです。

「ごきげんよう」は、私の心に余裕をくれる、不思議な力を持っている言葉でした。みなさんも、「ごきげんよう」で心の余裕をつくりませんか？

朝の挨拶、別れの挨拶を、「ごきげんよう」にしてみましょう。急に使いはじめると周りの人が驚いてしまうかもしれませんから、身近な人には「ごきげんよう」の不思議な力をひととおり説明しておいたほうが無難かもしれませんね。

目標は、家族の方や友人も巻き込んで、「ごきげんよう」を浸透させること。

丁寧で、品がよく、心を落ち着かせてくれる「ごきげんよう」が飛び交うことで、そこにいる人たちの品格までも高めてくれるはずです。

あえて一歩引くべきとき

「奥ゆかしい人」になる五つのポイント

「いただきます」

「ごちそうさま」

をきちんと言える人は素敵です。

日本人らしい〝奥ゆかしさ〟を感じられます。

しかし最近、食事の挨拶をきちんとしない人が増えているような気がします。家族全員が揃って食事をする家庭が少なくなったことが原因とされていますが、外食の機会が増えていることも大きな要因かもしれません。

外食では、自分の前に料理が出てくるタイミングで食べはじめ、食べ終わると店員さんがサッとお皿を下げてくれます。他の人の食事のタイミングは、あまり気になりません。食後は軽く会話を楽しんだりして帰路につく……。

要するに、「いただきます」や「ごちそうさま」を言うタイミングが、つかみにくいのです。

そんな中でも、**ときどき小さな声で「いただきます」「ごちそうさま」をきちんと言う人を目にすることがあります。だからといって、それを誰かに無理強いすることもなく、ただひとり淡々と、当たり前のように、自然と礼儀を尽くしているのです。そういう人にこそ〝奥ゆかしさ〟を感じます。**また、「礼儀正しい人だな」と微笑ましく思います。

〝奥ゆかしい〟という言葉は、もともと「深みと品位があって、心がひかれる。深い心遣いが感じられて慕わしい」（デジタル大辞泉）という意味で、男女を問わず使われてきた言葉です。

しかしながら、現代では少し前まで、もの静かで楚々《そそ》とした女性に対して使われることが多かったように思います。いわゆる大和撫子というイメージではないでしょうか。

ただし、今は、男女平等はもちろん、ＬＧＢＴＱに関する取り組みが推進されている時代です。性別かかわらず、奥ゆかしさを身につけることで人としての品性を高められるような世の中であってほしいと願います。

たとえば、駅のホームで電車に乗り込もうとするとき。降りる人を待って乗車していますか？　座席に座っているとき、年配の方や体の不自由な方にすぐに席を譲ることができますか？　また、エレベーターを降りるときに、お年寄りや小さいお子様を連れた人を先に通す気遣いができていますか？

些細なことかもしれませんが、こうした心遣いが奥ゆかしさにつながるのだと思います。**自分ファーストではなく、相手を尊重する気遣いができる人。**それが奥ゆかしい人ではないでしょうか。

また職場でも、先輩からは素直に教えを乞い、後輩にはいつでも助け舟を出せるような態勢でいますか？

自分の分《ぶ》を知り、決しておごらず、謙虚な気持ちで、でも卑屈になることなく毅《き》然《ぜん》とした態度で物事に取り組む人が、男女問わず奥ゆかしい人と言えるのではないでしょうか。

結婚披露宴の場でも、新郎新婦や親御様の立場は時代と共に変わってきています。

以前は結婚は両家との間で交わされるという概念がありましたが、最近は、新郎新婦二人の意志が大切であり、結婚披露宴も新郎新婦主催で行なわれることが多いのです。

そこで、昔は、結びに述べられるゲストに対する謝辞（お礼の言葉）は、両家を代表して新郎家の父が行なうことが一般的でした。それが、時代の流れで、新郎父のあとに新郎自らが挨拶をするようになり、最近では、新郎新婦がひと言ずつ述べることも少なくありません。

また、結婚においては女性が男性の家へ嫁ぐという観念も薄れてきています。家と家の結びつきではなく、人と人のつながりに重きが置かれているように思います。

ですから、結びのセレモニーでよく行なわれる親御様への花束や記念品の贈呈時、これまでは、新婦が親御様へのお手紙を読むことが多かったのですが、この頃は、新郎新婦共にお手紙を読まれるケースや、お手紙を用意しても朗読せずに花束や記念品に添えて渡すのみというケースなどさまざまです。

こうした時代の流れをみると、性別や年齢の役割よりも、一人ひとりの品格が問われる時代になっているなと感じます。

さて、ここで私が考える、奥ゆかしい人の五つの要素を挙げたいと思います。

①常に周りの状況をよく見ていて、いろいろなことに気がついて、細かく気配りができる人
②常日頃から落ち着いていて、言葉遣いも丁寧な人
③自慢話などせずに、人の話をきちんと聞ける人
④教養を身につけていて、余計な話はしないけれど、必要とあれば知的で的を射た発言ができる人
⑤マナーや礼儀がしっかりしていて、必要以上に自分をアピールせずとも、洗練されたイメージを相手に与えられる人

この五つが、私が考える奥ゆかしさです。

奥ゆかしいという言葉は、おとなしい女性のことを表しているのではないのです。

男女かかわらず、凛とした自分らしさを持っていて、自分に自信があるからこそ、相手を尊重し立てることができる。

それこそが、現代に通用する奥ゆかしい人の要素ではないでしょうか。

節度をわきまえる

何事も「ほどほど」なのが品がいい

前述の「一歩引く」に通じることですが、品よく見られるためには、**「節度をわきまえる」**ことも大切です。

たとえば、会議の場で上司が発言する前に、自分の主張を声高に並べ立てるような行動に出たりすれば、たとえそれが正論だったとしても、周りの人たちは眉をしかめてあなたを見るでしょう。

もちろん、正当な理由があり、そうせざるをえないという覚悟があってのことなら、しっかり主張してください。しかし、そんな場面はそうそうありません。

基本的には、**どんなときでも、その場がどういう場であり、自分がどんな立場にあるのかを十分に認識した上で、行動すべき**です。

それが「節度をわきまえる」ということなのです。

人との関係において「節度をわきまえる」ために、まずはしっかり相手との距離を保つことです。

フランクに接することと、相手のテリトリーにズカズカと踏み込んでいくことは違います。

ごく稀に、怖いくらいズカズカと踏み込んでいるのに、相手に嫌な思いをさせることなく、自然に心を開かせてしまう人もいます。落語家でタレントの笑福亭鶴瓶さんのような人です。

相手の懐に入るのがうまく、気がつくとみんなを仲間にしてしまいます。素晴らしいと思いますし、あんなふうになれたら素敵だなと思います。もっとも、とても真似できることではありません。

一般的には、相手にあまりに近づきすぎると嫌がられるものだと、知っておきましょう。**相手との距離を「ほどほど」に保つほうが、賢いやり方です。**

この「ほどほど」な距離感は、自分にとっても都合がいいのです。たとえば、よくない噂話に巻き込まれそうになったとき、相手との距離が「ほどほど」に取ってあれば、それを回避することも難しくないでしょう。

古代ギリシアの哲学者プラトンは、

「己に打ち克つことこそ、最大の勝利である」

という言葉を残しています。**自制すること、すなわち節度ある行動が大切であると教えているのです。**

特に注意したいのが、お酒の席。素面《しらふ》のときはまったく問題ない人でも、酔ってくると、予想もしない行動で騒動を起こす人がいます。

よくあるのは、「今日は無礼講だよ」という上司の言葉を真に受けて、本当に言いたい放題、やりたい放題の暴挙に出る人です。

場を盛り上げるつもりなのか、突然服を脱ぎはじめたり、下ネタを連発したりする人もいます。あるいは、上司や同僚に対して乱暴な言葉遣いをしたり、平気で人格を傷つけるようなことを口にしはじめたりする人もいます。

多少のことなら、酒の席のことだから、あの人はお調子者だからと許されるかもしれません。しかし度が過ぎると、その姿はむしろ滑稽であり、ひどい悪印象を周りに与えかねません。

百歩譲って、日頃から溜め込んだ不満や怒りが、酔った勢いで一気に表面化してしまったのだとしても、限度があります。そこから品性を感じることはできません。あげくの果てに、相手に手を出すような暴挙に出てしまえば、もうどんな言い訳も通用しないでしょう。信用は失墜し、取り返しのつかないことになります。

そうした光景は、結婚披露宴の席などでもよく見かけるのです。

お酒を飲んで酔いが回ってくると、相手かまわず近くにいる人にからみ出す人がいます。スタッフがさりげなく会場から連れ出したり、なだめたりして、なんとか大きなトラブルに発展しないように対応するのですが、その方が失った信頼までは取り戻せないのです。

楽しいお酒を、「ほどほど」にたしなめば、ざっくばらんに本音を言い合える交流の場になります。しかし、節度をわきまえず、暴走してしまうと、取り返しのつかない事態になりかねません。

「ほどほど」には、相手を許容する寛容さを持ちつつ、分相応に振る舞うという意味があります。それは、品性ある行動につながるのではないでしょうか。

苦手な人との付き合い方

嫌いな人にこそ丁寧に接する、という知恵

どんな人でも、嫌いな人、苦手な人のひとり、ふたりはいるものです。苦手な人と会話するのは苦痛ですし、できれば避けたいと思ってしまいます。

でも世の中、そんなに都合よくいくものではありません。ビジネスをする上でどうしても付き合わなければならないこともありますし、上司や同僚なら、否応なく、日常的に接することになります。

そこで必要になるのが、〝**嫌いな人、苦手な人にこそ、丁寧に接する**〟**という知恵**です。

人間関係は一方的なものではなく、お互いの気持ちの上に成り立っています。そして多くの場合、**あなたが嫌いだ、苦手だと思っている相手は、同じようにあなたのことを嫌いだ、苦手だと感じている**ものです。

その関係を放ったままにしていては、決して改善されることはありません。

そこで、**相手が心を開くように、自分のほうから相手に丁寧に働きかけてみる**のです。苦手な人にこそ〝先手必勝〟。苦手意識に無理やりフタをして、自分から声をかけてみるのです。

それまでは「お疲れさまです」で終わらせていた会話に、「お忙しそうですね」「寒くなってきましたね」などと、社交辞令的な言葉でいいので、必ずひと言プラスしてみましょう。

たったひと言でも、毎回、毎回、言葉をかけ続ければ、相手も「気にかけてくれているのかな?」と思うようになるでしょう。そして、自分を気にかけてくれる人に対して悪い感情を抱き続けるのは、意外と難しいものです。瞬く間に意気投合、というわけにはいかないかもしれませんが、相手の態度は次第に軟化してくるはずです。

相手に丁寧に接しましょう。

その意識を持つだけで、自分が相手に対して抱いているマイナスの感情が暴走するのにブレーキをかけられますし、相手に対する口調も物腰も自然とやわらかくなるので、相手が心を開くきっかけをつくりやすくなります。

それでもダメなときは？

残念ですが、諦めて逃げたほうがいいかもしれません。物理的に距離を取り、それ以上無理をして声をかける必要はないでしょう。関係をこじらせてお互いにストレスを抱えるより、「そういう人もいる」と割り切って、距離を置いたままのほうが、双方にとっていい結果になるはずです。

そういった見極めができるようになるのも、おだやかに、余裕をもって日々を過ごすためには、必要なことでしょう。

自分で自分を貶めない

「自分」を磨こう、「生き方」を磨こう

最近、公共の場でやってはいけないことと、やっても許されることとの境目が、あいまいになっているような気がします。

以前、渋谷でハロウィンに浮かれた若者たちが車を横転させ、その上で飛び跳ねるなどという、もう呆れるしかない騒ぎを起こしました。もちろん、それが論じるにも値しない下品な行為であることは言うまでもありませんが、最近、日本人の公共の場での立ち居振る舞いが、どうも粗雑になっているような気がしてなりません。

振り返ってみれば、私も若い頃、友人と電車の中で大声を出して話していたこともありますし、今でも女子会など親しい仲間との会では、他のお客さまの存在を忘れて盛り上がってしまうこともあるので、反省しきりですが……。

私たちは、そうした恥ずかしい行動がいかに自分を貶めることになるかを自覚する

と同時に、できるだけそうしないように肝に銘じて、常に意識していくように努力するしかないでしょう。

たとえば、身近なところでは、スマホです。

以前、女子大学生が右手に飲み物を持ち左耳にイヤホンをつけた状態でスマホを操作しながら電動自転車を運転していたために、高齢の方にぶつかって、死亡事故になってしまったことがありました。

この場合は、マナーというより明らかにルール違反ですが、ふだん何気なくしている行為が度を越すと、このような事件になってしまう可能性があるという、私たちにとって戒めになるような出来事だったと思います。

根本には、自分さえよければよいという、身勝手な考えがあるのだと思います。

品性ある生き方をするには、利己的にならないことを前提にして、自分自身で何が正しくて何が悪いかを判断して生きていくための知恵を持つことが大切です。そのためにも、品のいい人から多くのことを学ぶのに必要な感性を磨いていくべきだと思います。

（了）

本書は、小社より刊行した単行本を文庫化したものです。

鹿島しのぶ（かしま・しのぶ）

白百合女子大学文学部英語英文学科卒業後、会社員を経てプロの司会者として活動を開始。（株）総合会話術仟言流の代表を務め、ブライダルプランナーの役割も兼ね備えたプロ司会者の育成にも力を注いでいる。

また、2017年まで駿台トラベル&ホテル専門学校ブライダル学科長を務め、ブライダル関連、接遇会話、ビジネスマナーの授業を担当した。

著書に『小さな感謝 人生を好転させる一番簡単な方法』、『99%人に好かれる「礼儀正しい人」』（以上、三笠書房）、『「また会いたい」と思われる人』、『敬語「そのまま使える」ハンドブック』、『大人の表現「そのまま使える」ハンドブック』（以上、三笠書房《知的生きかた文庫》）などがある。

知的生きかた文庫

「品《ひん》がいい」と言《い》われる人《ひと》

著者　鹿《か》島《しま》しのぶ
発行者　押鐘太陽
発行所　株式会社三笠書房
〒一〇二-〇〇七二 東京都千代田区飯田橋三-三-一
電話〇三-五二二六-五七三四〈営業部〉
〇三-五二二六-五七三一〈編集部〉
https://www.mikasashobo.co.jp
印刷　誠宏印刷
製本　若林製本工場

ISBN978-4-8379-8853-3 C0130

C50479